青少年科普故事系列

# 趣味考古科学故事

周爱农 主编

西北工業大學出版社

**图书在版编目(CIP)数据**

趣味考古科学故事/周爱农主编．—西安：西北工业大学出版社，2013.3(2015.5 重印)

(青少年科普故事系列)

ISBN 978-7-5612-3642-0

Ⅰ.①趣…　Ⅱ.①周…　Ⅲ.①考古学—青年读物　②考古学—少年读物　Ⅳ.①K85－49

中国版本图书馆 CIP 数据核字(2013)第 062148 号

青少年科普故事系列·趣味考古科学故事　　周爱农　主编

出版发行：西北工业大学出版社
通信地址：西安市友谊西路 127 号　　邮编：710072
电　　话：(029)88493844　88491757
网　　址：www.nwpup.com
印　　刷：兴平市博闻印务有限公司
开　　本：710mm×1 000mm　1/16
印　　张：10
字　　数：137 千字
版　　次：2013 年 10 月第 1 版　　2015 年 5 月第 2 次印刷
定　　价：20.00 元

# 前　言

课堂上的知识丰富着我们的头脑，课堂外面的世界丰富着我们的阅历。对人类来说，好奇几乎是一种本能。孩子们，你们一定也想知道人类的祖先生活在一个什么样的环境中。你们更想知道，时光流逝，沧海桑田，锦绣的中华大地到底经历了怎样的历史变迁？是啊，人类到底从何而来？世界从何时开始？这些问题让我们焦灼，也让我们困惑。我们渴求答案。可惜，这些问题的答案不在我们平常阅读的课本里，也很少会出现在课堂上。那么，我们应该去哪里寻求答案呢？

兴趣是最好的老师，好奇是学习的动力。为了让孩子们更好地了解过去，了解历史的发展与变迁，我们精心编写了《趣味考古科学故事》这本书。本书精心挑选了极具代表性的考古故事，既满足了孩子们的好奇心，又能让孩子们学到真正的知识。

我们按照故事的类别，把内容分为三大部分。第一部分介绍了重大的考古发现。考古发掘的历史遗物，不只是物质性的东西，也是人类历史上创造的精神文明的见证。通过这些考古发现，我们一步步地解读历史，还原真相，让孩子们更加了解过去，关注现实。第二部分选取了一些中外考古学家的故事。万物皆有源，今时源于古，现在的根由在于过去。几千年的文化沉淀，几千年的文明进步，使人类进入到了崭新的时代。只是，我们蓦然回首，却发现身后的脚印渐渐模糊，过去的一切开始变得遥不可及。我们迫切地想要找到事物的根源。于是，出现了一批伟大的考古学家，他们以坚忍的毅力、非凡的勇气、绝对的自信，从那些深埋地底的器物上，一点一滴地破译出隐匿的历史信息，绘制出了一幅日渐真切的人类文化基因图谱。依靠他们，我们才得以在自身与祖先的行为之间建立起合理的联系与呼应，才学会在无法尽解的惊人的古代文明背景下审慎评价现代的进步。因此，我们要探索考古学家背后的艰辛历程。第三部分选取了考古史上的一些谜案，在这些谜案后面隐藏的是莫大的悬念和无言的沉重。作为人，作为理性的动物，作为一种必须洞悉自身文化遗传宿命的生命，人类注定要对古代的史实进行艰辛的探索。尽管迷雾重重，我们仍然要去挖掘、去探索。

对人类来说，挖掘历史源于人类固有的好奇心，也源于人类探究自身奥秘的本能欲望。对孩子们来说，过去的一切是他们渴望知道也急于知道的事情，这本书有孩子们想要知道的很多谜底。了解这些谜底，可以使孩子们更从容地审视历史，正视现实。

编　者

2013 年 1 月

# 目　　录

## 考古大发现

## 考古学家的故事



## 考古之谜

# 考古大发现

## 岩画——中国最古老的图画文字

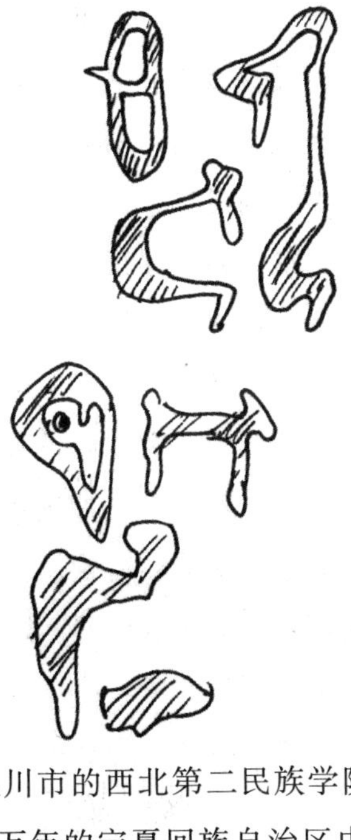

宁夏回族自治区银川市的西北第二民族学院岩画研究中心的专家透露，在距今 1.3 万～1 万年的宁夏回族自治区中卫市大麦地岩画中发现了我国最古老的岩画文字。这一发现有可能改写中国的文字史。

该研究中心李祥石研究员提出，大麦地岩画文字不仅比甲骨文早数千年，甚至比国际学术界公认的产生于公元前 3350 年的南美索不达米亚复杂刻画、产生于公元前 3200 年的苏美尼亚楔形文字以及产生于公元前 3050 年的埃及象形文字还要早几千年。

大麦地岩画文字可能是世界上最古老的文字，它的发现对研究中国文字史和世界文字史都有积极意义。

西北第二民族学院成立岩画研究中心后，对岩画进行了仔细统计和研究，发现这些岩画共有 2 137 组，共 8 453 个个体图形。岩画的内容丰富、题材多样，包括日月星辰、天地神灵、手足蹄印以及狩猎、放牧、舞蹈、祭祀等活动场面。

在岩画近 1/10 的符号中，专家发现了似文似图的符号，其中有单个符号组成的复合型带有词语性质的图符。经过进一步比较研究，发现大麦地岩画这种类似文字性质的符号有一个重要特征，就是早期岩画的象形性，与汉字中的象形字体相似，并由此推断它是原始文字。

李祥石研究员和束锡红教授认为，关于岩画与刻画符号是不是文字或文字前身的书写形式的问题，20 世纪时就引起了人们的关注，但在世界性的岩画研究中，从未找到过如大麦地发现的这种复合式符号。大麦地岩画古文字的来源与中华民族的先民有关，与传说中的三皇、五帝有关，甚至更早，可能是我国最古老的图画文字。

研究表明，大麦地岩画通过抽象成象形、会意、指事符号，可以表达一个完整的意思，最终演变成为远古原始符号。比如有一幅岩画，被研究人员取名为《臣服》，其右侧是武力冲突中胜者接受降者的跪拜；左上侧是一把弓箭，表示武力、统治和占领；左下侧为降者在弓箭武力的震慑和压迫下跪拜求饶，表示请罪或臣服。这幅岩画的图案是一个完整意义的文字符号。

专家认为，图画符号与文字混合，表意更为丰富。比如有一幅名为《田园》的岩画，右上部为一只羊，左上部为一个人面，其中部为 S 形符号，下部为一横符号。这是一组图画与符号组合的符号文字，描述了宁静的田园生活场景。文字的发展是先有图画，然后有图画与符号的配合，即由繁到略繁，最后达到实用、简约的目的。符号文字的特点就是除图画形象外，用符号表示会意和指事，功能更加具有实用性。在大麦地岩画中，图画、符号的互相补充、互相交织，符合文字的发展规律。

大麦地位于宁夏卫宁北山人迹罕至的地方，西面是一望无际的腾格里沙漠，东面与巍峨连绵的贺兰山相对，奔腾不息的黄河与之日夜相伴。由于位置偏僻、交通不便，这里的岩画基本保持原始状态。

大麦地面积为15平方千米，自东向西排列着南北走向的11条冲沟，千奇百怪的密集岩画群就凿刻在这些山梁、山沟的岩面上，如同一个天然画廊。岩画规模宏大，数量惊人，内容丰富。这里遗存的史前岩画登记在册的已有2 137幅，展现个体形象8 453个，平均每平方千米遗存图像达568个之多，超出了世界公认的判定岩画“主要分布区”限定标准的20倍。在岩画密集地段，几乎所有可以作画的石面都被充分利用，所有岩画都是依据石面大小而设计、刻画。石面较小的刻简单动物，石面宽阔的刻复杂画面，画面内容有狩猎畜牧、战争舞蹈、牛羊虎狼、日月星辰、天地神灵、手足蹄印、男根女阴、图案符号等。

大麦地岩画群体性场面很多，最大的一块石面长9米，宽1.2米，竟被刻上100多只动物和符号，几乎没有空白。像这样的巨幅岩画在大麦地有近百个，描绘的都是游牧、狩猎、舞蹈、战争、祭祀等场景，表现了先民多姿多彩的生活，被研究者称为“游牧长卷”。而岩画上那些似文似图的符号，也具有象形和表意的功能，颇有文字雏形。

中国专家学者们一直在寻找文字的起源，以前更多是从出土的陶器上寻找到的各种刻画符号，但都比较零星，后来发现了岩画。经过漫长的历史演变，石头大面积存在并且石头能够长期保存，像大麦地的岩画，漫山遍野都是，也是古人最容易接触到的天然的载体。

李祥石说：“我从事多年的岩画研究工作，从未见过像大麦地那样抽象的、表达一个完整意思的符号存在。目前发现了1 500个这样的符号，数量是很多的。大麦地附近的贺兰山距离黄河1千米，这里孕育着黄河文明。从目前考察的岩画内容看，既有游牧文化的东西，也有农业文明的东西，这样特殊的地理位置，产生人类智慧的火花，孕育一种文字符号的产生是可能的。从文字发展的规律看，没有文字之前是图画，然后有了图画与符号配合，接着是进一步简化抽象成符号表达意思。大麦地岩画中，我们似乎能看到这样的一个演化过程，有图画和符号一起表达意思的，有图画抽象成符号的，有几个符号组合表达意思的。这些符号都有汉语中的象形、指事、会意的特点，我觉得这些可能是比甲骨文更早的图画文字。”

对大麦地岩画，学术界采用地衣测年法，比较准确地测得岩画距今时间。大麦地岩画，早期在距今 10 865～13 241 年，中期在距今 5 947～6 253 年，中晚期在距今 2 771～5 422 年，而晚期，由于已出现西夏文字，估计距今在 1 000 年左右。

上海古籍出版社古文字专家刘景云说：“大麦地的图画符号从文字本身的形态看是属于比甲骨文更原始的文字，从这个角度看，它是有一定的研究价值的，它可能是比甲骨文更早的图画文字。在大麦地的图画符号中，我发现了不少这种圆头长尾的表示‘蛇’的符号存在，与甲骨文中的相似。”

**点评**

对于大麦地岩画是“中国最古老的图画文字”，是否“有可能改写中国的文字史”，至今仍然是众说纷纭。

# 达德拉尔特·阿卡库斯石窟画

达德拉尔特·阿卡库斯石窟位于利比亚与阿尔及利亚接壤的边境地区。在这个多石高原上发现了数千件雕刻和石窟画，这些绘画风格截然不同的作品，生动地反映了当地动物和植物随着环境变化而发生的深刻演变，刻画出在当地繁衍生息的居民不同的生活方式。

达德拉尔特·阿卡库斯高原在加特城东的菲桑，是一片面积为250平方千米、现已荒无人烟的广阔山区。从20世纪中期起，在法布里西奥·莫里和保罗·格拉西奥西等专家主持下，意大利一利比亚联合科学考察团清点了百余个石洞，发现了数百幅雕刻画和数千幅绘画，以及许多石制和陶制物品。这些不同时期的绘画和文物以不同的风格向人们展示了由于气候的演变而使当地物种和居民生活方式发生巨大变迁的情况。

“自然主义时期”留下许多描写大型草原哺乳动物的雕刻，如大象、犀牛和长颈鹿等；在“圆头时期”，可以看到湿润气候带所特有的动物群和一些魔幻宗教场面，在这个时期，雕刻和绘画同时存在；在“放牧时期”，众多的牛群被画在洞穴的墙面上作为装饰，这个时期的雕刻和绘画数目最多，因而也最重要；在“马时期”，半干燥的气候造成某些物种的灭绝并从画面上消失，驯马开始出现；最后是“骆驼时期”，即公元后头几个世纪，由于沙漠化日趋严重，单峰驼是当时石窟画的主题。达德拉尔特·阿尔库斯高原是塔西利·杰尔的自然延伸，高原上的石窟是这里曾经存在过人类文明的极好的见证。喀尔寇阿内布匿城位于突尼斯的纳贝乌省。这座腓尼基城在公元前 250 年第一次布匿战争期间被废弃，罗马人也未予重建，现在却给我们提供了一个腓尼基城的无与伦比的见证。城内房屋建筑规范，布局十分讲究。这座城市遗址最早于 957 年被发现，它增加了人们对布匿人城市布局的了解。

喀尔寇阿内与载入世界遗产名录的其他城市（如迦太基、提洛或比布罗斯）不同，这里没有任何罗马人的建筑痕迹。1968 年发现的港口、城墙、居民区、商店、作坊、街道、广场、寺庙和陵墓，清清楚楚勾画出公元前 3 世纪腓尼基城的面貌。民居一般呈长方形，有大门和一条通往内院的廊道。院内有一眼井，一个排水沟和一个浴盆。院子四周是房屋，其中一间是客厅。民居大同小异，唯一的区别是有些民居的内院设一神坛。此种布局反复出现，证明当时城市确实经过规划，其中的水利及卫生设施尤为突出。对出土的钱币、陶瓷器、各种日用品等小件物品和建筑物进行的研究表明，这是一座无农牧业活动的城市，集中从事手工业，主要有通过加工骨螺制作的紫色染料、石雕、建筑、粉刷、陶瓷等。研究者还发现这个腓尼基港口看来从公元前 6 世纪起即与西西里的布匿人城市，尤其是莫兹亚城，有贸易往来。在一块长 170 米、宽 100 米的土地上，分布着 200 余座坟墓，其中 50 座尚未挖掘。墓分两种，一种墓的墓穴在岩石上凿成，另一种墓带着廊式墓室和地下厅室。地下厅室内有石凳、神龛、石棺……还有许多装饰精美的赭红色陶器、青铜器、首饰、钱币等陪葬品。

**点评**

这些文物都是人类瑰宝，当古代的东西在眼前一一呈现时，我们的心情无比激动；当一段历史逐步被挖掘出来时，我们才能更深切地感受到考古学家的伟大、人类历史的隽永。这一切值得我们好好珍藏。

# 蒂卡尔国家公园

蒂卡尔国家公园坐落在危地马拉东北部的热带丛林深处，是迄今人们了解最多、规模最大的玛雅古城之一。然而这座古城只是在最近25年才被发掘者揭开了面纱。

发掘出的3 000余座建筑，从已填平的陋室到巨大的金字塔庙宇，都为考古学提供了充足证据，这些证据表明这里是平原玛雅帝国的最大首都和玛雅文明的中心，反映了哥伦布发现新大陆之前玛雅文明最高的工艺水平和文化成就。蒂卡尔城最高的建筑是6座傲然耸立的金字塔。石灰石构筑的金字塔平台在莽莽森林中矗立而起，顶端各有1座小庙。最高的一座金字塔自底部至顶端高70米，是美洲印第安人修造的最高建筑物。蒂卡尔的庙宇宫殿皆环绕广场和庭院而建，建筑物前雕刻的石碑和祭台林立成行，井然有序。宽阔的石阶路自外部庙堂通向中心广场。城市用水由蓄藏量丰富的地下水库供应。蒂卡尔堪称建筑奇迹，尤其在缺乏车辆、滚轮和拖曳牲畜的条件下建造如此辉煌壮丽的都市，实在令人惊叹。

蒂卡尔经历了玛雅文明的黄金时代（公元300年—900年）。这是一个修建巨型纪念物、发明象形文字（其中大部分至今尚未破译）和制造复杂计时器的时代，也是制陶工艺和宝石加工按照独特风格蓬勃发展的时代，这种风格以自然主义的叙事场面为主要特征。比如石碑上雕刻有祭司或显要人物的头像，以及铭文和按照玛雅历法推算的年份日期。石碑铭文最早的年份为公元 292 年，最晚的是公元 899 年。出于至今仍不十分清楚的原因，后来这座城市的人口慢慢地减少，以至整个城市最终被遗弃。对于类似蒂卡尔这样的中心城市的作用还不十分清楚。巨大的建筑物内部空间狭小，光线暗淡，其原因可能是覆盖建筑物的挑头式拱顶窄小所致，也可能是玛雅人为保持他们庆典仪式的神秘性而故意为之。但是，考古学家们普遍认为，那些坐落在长 1 200 米、宽 800 米的长方形地段内的建筑物仅仅作为行政管理和举行仪式之用，所有居民（大约有 5 万人）都居住在环城而建的城郊居民区中。城内还有许多庙宇和圈围起来的球类游戏场，庙宇的过梁和由过梁构成的门楣上皆刻有反映玛雅国王登基盛况的浮雕，这一切都再次证实蒂卡尔在玛雅礼仪庆典方面具有重要的地位。尽管蒂卡尔的植物生长繁茂，但大多都很脆弱。这里的动植物品种繁富，其中最为珍贵的当属佩腾孔雀。

蒂卡尔城于 20 世纪 30 年代初被确定为国家级历史建筑，在其周围 24 平方千米的范围内设立标志，辟为国家公园。

**点评**

蒂卡尔的辉煌正在延续，这些珍贵的史料是古人留给我们的伟大财富。

# 秦始皇兵马俑

公元前221年，嬴政攻灭了他的最后一个对手齐国，成为中国的最高统治者。他13岁登基，23岁亲理国政，39岁征服六国，从而结束了春秋战国以来几百年诸侯分裂割据的局面，建立了中国历史上第一个统一的多民族国家。公元前210年，秦始皇逝世下葬在陕西临潼县城东10里的骊山，他的陵墓北临渭水，气势雄伟，规模宏大。

20世纪70年代，当地农民在打井施工中挖到一件陶俑，他们意识到这个可能是文物，于是立即停工，向有关部门做了报告。经考古专家、科技人员的鉴定，确定为秦朝之物。随后，在附近又先后发现了3个大坑，这些惊人的收获，终于揭开了人类历史文化宝藏的一大秘密。原来这里有一座规模巨大、举世罕见的兵马俑坑，这8 000多兵马俑，在地下足足沉睡了2 000多年。有关部门在这里盖了座大厅，以利于挖掘和修复工作，后来，又把这座建筑物定名为秦始皇陵兵马俑博物馆。博物馆是一座高22米，长230米，拱顶跨度72米，总面积达16 000平方米的现代化展览大厅。博物馆展厅以一号兵马俑坑为主体，向观众展出兵马俑坑发掘现场和坑内的出土文物，以及秦始皇陵出土的部分重要文物。

也许你要问，什么叫俑呢？古时候，奴隶主死了，往往要把活的奴隶和死人一起埋葬，以为这样，奴隶主在阴曹地府也能叫奴隶替他劳动。后来，活人陪葬的习俗渐渐地被废止了，开始改用木制或泥制、陶制的人形偶像，这就是俑。后来俑也包括葬品中的其他动物偶像，如牛俑、鸡俑、马俑、狗俑等。

一号兵马俑坑东西长 230 米，南北宽 62 米，面积约为 14 260 平方米，是最大的一个俑坑。坑的东部为南北长 60 米，东西宽 3.45 米的长廊，里面站立有 3 排陶俑，每排 68 个，组成一个横队。横队后面筑有隔墙，将坑分为东西向的 11 个过洞，38 路武士俑排成纵队，一律向东。每 4 路武士之间有战车 4 辆。第一号坑的南、北两个较为狭窄的过洞中各站 2 排兵俑，中间较宽，则各站 4 排兵俑，均纵队排列，威武整齐，背西面东，直指来自东方的敌人。这是秦军“常阵”形式的一种“外向型”军阵。这些兵俑也叫武士俑，它们披铠甲或战袍，身高都在 1.75 米以上，面呈古铜色，而且个个凝目聆听、镇静机智、仪态英武，有一种一往无前、视死如归的英雄气概。这一排排齐整威武的武士俑，宛如一支由几千名真人组成的“秦之三军”，气势磅礴，形象地再现了秦始皇威震四海，“灭六国，天下一”的雄壮军容，令人肃然起敬。这里的兵俑有步兵、骑兵、车兵三大类。根据实战需要，不同兵种的武士装备各异。担任前锋冲锋的和跟在车后面的步兵都是轻装，不穿铠甲，短袍束带，还打着绑腿，便于奔跑。驾驭战车的武士手上都有护手甲。从身份上分，有兵士与军吏两大类，军吏又有低级、中级、高级之别。一般士兵是不戴冠的，而军吏是戴冠的，普通军吏的冠与将军的冠又不相同，甚至铠甲也有区别。陶俑中间的木质战车，每乘前都有 4 匹体形健壮、骁勇善战的骏马，均雕镂精致、金碧辉煌，使人联想起中原逐鹿的激烈战斗场面。车后并排站立 3 个铠甲俑，分别是车上的甲首、参乘和驭者。这些陶俑都携弓挎箭，执长兵器，威风凛凛。

坑中出土的戈、矛、剑、吴钩、弓、戟等武器都是经过铬处理的青铜制品，至今锋利如新，显示出 2 000 多年前的秦朝的冶炼技术已达到了很高水平。特别引人注目的是陶人、陶马在神情上的区别和脸型的不同。军吏一般表情严肃，岁数也大一些，有的额头还有皱纹。武士的表情是相当个性化的，不仅让人看出他们不同的性格，甚至有的还可大体猜想出他们是哪个地区的人。还有那陶马，身长 2 米，肩高 1.29 米，俑首高 1.54 米，这是以真马为原形塑造的，它们都栩栩如生。据畜牧专家鉴定，这些陶马的形象，很像是洮河马种。直到今天，它还是我国著名马种之一。

秦始皇兵马俑的发现，揭开了中国雕塑史上的重要一页，反映了秦朝军事编制和装备情况，对我国军事研究也有助益。秦朝的雕塑上承殷周，下启汉唐，表现了其着重细节刻画的特征。这几个兵俑如仔细观察，可见其同中有异，异中有同，千姿百态，栩栩如生。它从神态、表情、容貌、动作、姿势、服饰等方面，细致入微地刻画了不同年龄、经历、兵种、职位的人物所特有的神情举止、精神风貌和内心感受。而战马则形体高大、劲健有力，均张口衔镳，剪鬃缚尾，双耳前倾，显示了它们的机警敏捷、强壮善驰。这些逼真而给人以巨大艺术感染的秦俑雕塑，是古代艺术大师技术和心血的结晶。那么，由兵马俑组成的这支象征性军队，是属于什么样性质的部队呢？据考古学家鉴定：一号俑坑是右军，以战车和步兵相间，以步兵为主，明显地分出前锋、后卫、主体、侧翼；二号俑坑是左军，有弩兵、车兵、骑兵、步兵，是一个多兵种的联合编合组，明显地分出 4 个单元，正如古代兵书中的大阵套小阵的模样；三号俑坑是指挥部，虽然很小，只有战车 1 辆，但旁边是护卫的 80 名武士，武士手持着不同的弓弩、矛、戈、戟等实战武器，显得更加的威武气派。这 3 个坑，组成了一个完整的军阵编列体系。这些由一队队身穿铠甲、战袍的武士和威武的马队、车队组成的森严的军队，似乎是再现了秦始皇当年的战功和军威。

据考古学家们分析，秦代的咸阳宫和咸阳城是驻有几万军队的。他们可以分为 3 种：宫城内的叫侍卫军，宫城外的叫屯卫军，京城外的叫宿卫军。3 种军队的人员组成和使命是不一样的。对照之下，兵俑象征着宿卫军，它的人员是由各郡国征调来的，任务是保卫京师，也可以调出征战。但是，这些宿卫军是不能随便进出皇宫的。它生动地体现了秦国兵强马壮、横扫六合、北劫匈奴、南平百越，统一海内的壮丽图案。再有，陶俑的制作工艺也有其独到之处，秦代的制陶工匠和雕塑工匠采用以模为主，塑模结合，分件制作，逐步套合，并采用八窑烧制和出窑彩绘的方法，烧制出这些大形陶俑和俑马。陶俑的头部主要采用了合模法塑制，俑腿和俑身是采用模制或泥条盘成，臂和手则用模制或手制。

秦始皇确实是个雄才大略的封建统治者，统一中国后，他希望建造这座地下王国，来使自己及子孙万世不朽。可是，真正不朽的不是秦始皇，而是他的子民们留下的灿烂辉煌的工艺精品。

**点评**

有人说，不看金字塔，不算真正到过埃及；不看秦俑坑，不算到过中国。叶剑英元帅说："这是世界上最大的地下军事博物馆。"秦始皇兵马俑是我们整个民族的骄傲。

# 肯尼亚人类化石

科学家在巴林戈湖以西的塔巴林发现了500万年前的一块人科成员化石，这是迄今为止世界上发现的最早的人类祖先的化石。

这块化石是一块带有两个臼齿的下颌碎片。它在形状和大小上同南方古猿阿法种相似，南方古猿阿法种距今约300万～400万年。这块化石填补了约1 700万年前至约370万年前人类起源化石记录的空白。在这块人科成员下颌化石的附近还发现了羚羊、犀牛和象等动物的化石，这说明现在这块干旱的地区大约在500万年前雨水充足，草木茂盛。

20世纪80年代中期，肯尼亚国家博物馆馆长利基博士宣布，在肯尼亚北部图尔卡纳湖西岸发现了160万年前一具最完整的直立人骨骼化石。直立人是早期人类的祖先。发现的这具骨骼化石是一个12岁的男孩，高1.63米。这就证明直立人实际上同现代人一样高。

直立人化石最早是在印度尼西亚的爪哇岛发现的，后来在中国发现北京猿人。北京猿人估计是在50万～70万年前，而这次新发现的化石要早大约100万年。更重要的是，这是迄今发现的最完整的直立人骨骼化石，只少左臂和右手、右臂肘关节以下部分以及双脚的大部分。除了直立人化石外，还发现了大量的动物化石，其中许多是现在已经灭绝的动物，例如巨大的短脖子长颈鹿和长着锐利的长犬牙的老虎。

点评

这些化石都是历史的见证，肯尼亚、坦桑尼亚和埃塞俄比亚因发现了对研究人类进化有价值的人科成员化石而闻名于世，被称为“人类的摇篮”。

## 5 000 多年前的冰人

20 世纪末的一天，朗特和约瑟结伴攀登阿尔卑斯山。他们喘着粗气在一块还有积雪的岩石上坐下休息。日光照耀下，在半溶化的冰雾中，隐约瞥见一个人的肩部，细看之下，果然有一个裹尸包……不久，警察、法医赶到，挥臂挖掘冰雪，力图尽快破案，为被害者昭雪。

经过仔细勘查发现，这个冰人临死时穿着鹿皮外套，外加一件防寒防雨的草编大衣，头戴一顶圆形小帽，此外，还带着一张弓、十几支箭和一把铜斧。现在他的皮肤、内脏，甚至眼睛都保持完好。这是迄今发现并保存得最完整、最古老的古尸，要比中国马王堆的古尸还要古老 3 000多年。冰人被发掘后，即由直升机运往德国的法医研究所。经放射性同位素测定，这冰人系 5 300 年前的古尸。

据考古学家分析，大概在 5 000 多年前的一个秋天，一位 30 岁左右的男人徘徊在一座高高的山上，他在树林中不知在做什么，最后当他走到一条长约 20 英尺（1 英尺＝0.304 8 米）、深约 6 英尺的山沟中时便倒在那里。在冰川寒风的吹袭下，尸体变成了木乃伊，随即连绵不断的雪一层压盖着一层，最后完全变成了冰层，这个新石器时代的尸体就这样一直冰封在那里。

在研究所里，30多名人员为冰人做修复工作。遗憾的是，冰尸身上的衣服由于年久发脆，在运输途中已全部粉碎，只剩下一双鞋子。在修复过程中，尸体发生破损，左屁股被撕去一块，阴茎也不见了，不过对尸体的总体研究影响不大。科学家认为，冰人活着的时候，身长5.3英尺，相当于中国人的中等个头，重110磅（1磅＝0.453 6千克）。为保持冰人尽可能完好，研究者用消毒过的小冰块，层层包住冰人，最后再用塑料布覆盖，以保证其皮肤处于96%～98%的湿度。在这个冰包内始终模拟冰川的温度，并用监视系统控制温度、湿度。考虑到对冰人的身体检查、研究势必引起损伤，人们设计了专用的电脑设备，可供专家在不接触冰人的情况下作研究，这就是计算机轴向层析扫描技术（CAT）。研究者能在电脑屏幕上看到冰人的骨骼和内脏，并获得清晰的三维图像。把CAT技术与电脑辅助的绘图程序结合起来，研究者创造出一个十分精确的冰人原始面容的复制品。从CAT图像中可以看到，他的左臂已折断，很可能就发生在他临死之前。在他的左耳垂上有一条深沟纹，说明他曾戴耳环。此外，研究人员还找到一种白石做的饰物。他的左脚上文有3英寸（1英寸＝0.025 4米）长的条纹，左膝盖上文着一个“十”字，其腰部也文着14条纹线。在他的外套的皮毛中，发现了2颗原始小麦粒，这说明他可能生活在阿尔卑斯山下的农业区域。专家们对冰人的遗物一一做了研究。

在他的随身物品中，最重要的发现是一把铜斧。4英寸的斧子，看来是从模子里翻砂而成的，铜斧镶着L型的硬杉木柄，并配有一个皮套。铜斧标志着一个新时代的开始。冰人有一个小工具袋，内藏骨钻子、两片火石和一块打火皮，在一片火石上附着多种草类的花粉，说明他用这些草来编制绳子、刀套和帽子。第二年夏天，研究者重返发现冰人的现场，铲除了冰雪以后，他们在那里又找到了一顶皮帽和许多小皮块及木头，还发现了不少丸状的动物粪便。因此，推测这位冰人在临死前也许是在放牧，也许是因追寻失落的山羊进入山区，遇到了大雪暴，他无法返回，躲避在沟中，不幸葬身于此。

**点评**

阿尔卑斯山上的独特气候条件保存了冰人的一切，给我们留下了大量的珍贵资料。但冰人因何而死至今仍然众说纷纭，没有一个确定的答案。不过，从冰人身上我们获得了大量的线索，研究仍在继续。

# 最早发现的恐龙蛋化石

恐龙是地球上已经灭绝的生物，但在一两亿年前，地球是恐龙的天下，最大的恐龙长达 26 米。但是由于地球气候的突变，它们不能适应环境，最终导致了它们的灭绝。我们知道，恐龙虽是庞然大物，但它们却是卵生的。

在 20 世纪前，地球上的任何地方都没有大量发现过恐龙蛋，直到 20 世纪 20 年代，在我国北疆戈壁沙漠的西南边缘，发现了让人难以置信的恐龙蛋化石。恐龙蛋化石有好几窝，每窝十来个，共获得七八十枚之多，个个异常坚硬。其中有不少被当时的沙土压破了，但也有很完整的，更珍贵的是有些正在孵化中的各阶段的蛋，有些头骨已长成即将破壳而出。经专家研究，这些蛋是一种小型恐龙所生，身长不过 1 米多，叫原角恐龙。此外，还发现了很多原角恐龙的骨化石，这一发现震动了国际科学界。

恐龙蛋被誉为恐龙化石中的珍品，一般比较大。最大的蛋，直径为 200 多毫米，小的也有 80 毫米。恐龙蛋的形状有卵圆形、椭圆形、圆球形、扁圆形、橄榄形，还有的像玉米棒。恐龙蛋的蛋壳很厚，平均约

2 毫米，最厚的可达 7 毫米，表面具有别致的纹饰。

随着我国地质科学的发展，我国先后又在广东、江西、湖南、安徽、内蒙古、宁夏、新疆、浙江、湖北和河南等地找到了很多恐龙蛋化石。特别是在山东莱阳、广东南雄、江西赣州和河南南阳等地区，不同类型的恐龙蛋化石大规模地出现，这是世界上极为罕见的。

## 点评

我国的恐龙蛋化石在数量上、类型上、分布上以及保存之完整程度上，都是世界任何国家无法比拟的。这是我们了解和研究恐龙世界的重要资料。

# 神秘的庞培古城

古罗马庞培古城是座消失的城市，它究竟在哪里？

维苏威火山位于意大利那不勒斯市东南，它巍峨峻峭，海拔约1 300米，每次喷发后它的高度均有变化。它原是那不勒斯海湾中的一个小岛，后经一系列火山爆发，堆积的喷出物将其与陆地连成一体，呈3个貌似互相嵌入的圆锥形火山。火山口是内壁直立的大圆洞。维苏威火山每次喷发，都给人类带来极大的损失与痛苦。

距今1 900年前，在维苏威火山的附近有一座名叫庞培的古城，当时有2万多居民。然而，一场毁灭性的灾难降临到了庞培城。这天午后约1点多钟，离城约10千米处的维苏威火山突然喷发了。顷刻之间，天色昏暗，大地摇撼，连平日里平静似镜的那不勒斯湾也翻腾起汹涌的浪涛。就当维苏威火山大发脾气，乱施淫威时，天上又下起了大暴雨，引起了山洪的暴发。刹那间，山洪挟带着无数石块和火山灰，形成一股巨大的泥石流，以不可抗拒的气势，向山下猛烈冲去。很快，庞培这座建于公元前6世纪的古城，便被无情的泥石流吞没，而赫库兰尼姆城和斯塔比亚城也在维苏威火山大喷发中遭到毁灭性灾难。

1 000 多年过去了，世人已不知曾有过一个名叫庞培的古城，就是研究历史的学者也只是在查阅罗马古书时，才知道有过这么个庞培城，但它的遗址到底在哪里，谁也不知道。18 世纪初，意大利农民在维苏威火山西南 8 千米处修筑水渠时，从地下挖出了一些古罗马的钱币和一些经过雕琢的大理石碎块。几年后，人们又在附近挖出一块石块，石块上面刻有“庞培”的字样。人们这才知道，原来庞培古城就在脚下沉睡。于是，从 19 世纪 60 年代起，考古学家开始了有计划的庞培城发掘工作。经过 100 多年断断续续的发掘，这座在地下沉睡了千年的罗马古城，大部分已经重见天日。现在，人们可以像当年进入庞培城一样，漫步在宽敞平坦的大街上，领略这座千年古城的风貌。

重见天日的庞培城约有 1 平方千米，四周绕有石砌城墙，设有 7 个城门。城市纵横各有 2 条笔直的大街，使全城呈井字形，分成 9 个地区，每个地区又有小的街巷。大街上铺着 10 米宽的石板，两旁还设有人行道；街巷的路面，是用石块铺成的。每个十字路口都设有水池。水池全是石制的，上面饰有精美的雕像，里面储存着清澈的泉水。这些泉水可是来之不易呀。因为城里没有涌泉，所以这些泉水是通过平地架起的引水槽，伸到城外，将城外山上的清泉引到城内最高处的一个水塔里，然后再流向各公用水池和富豪家中庭院的喷泉池的。城内最宏伟的建筑物，都集中在西南部一个长方形广场的四周。这里就是当年庞培城政治、经济和宗教的中心。广场的东南，是庞培城官府的所在地，权贵高官都在这里办公、议事，它的另一面是法院。这是一座两层楼的长方形建筑物，也是商人们订立贸易合同的场所。当地生产的葡萄酒、呢绒和玻璃制品，以及东方的香料、宝石，中国的丝绸，非洲的象牙，都是在这所建筑物里洽谈成交的。广场的东北是商场，从已经发掘出来的情况看，当时这里店铺鳞次栉比，商品琳琅满目，生意非常兴隆。发掘时，人们发现在一个水果铺的货架上，摆满了杏仁、栗子、无花果、胡桃、葡萄等各种果品，这些果品虽经历了 1 000 多年的黑暗遭遇，但从外形上还能辨别出来。在一家药铺的柜台上，人们看到了一盒药丸，药丸已经变成细末，旁边有一根细小的圆药条。很显然，当药剂师正在搓药丸时，突然遭到灾难，忙于逃命，便将其弃之不顾了。人们还在一家面包房的烘炉里（当时的店铺多兼作手工作坊）发现了一块烤熟的面包，它不仅保持着原来的外形，而且上面还印有面包商的名字，这名字历历可见。在庞培城的东南角，有两座规模宏大的公共建筑物——竞技场和大剧场。竞技场是在公元 70 年，也就是庞培城被埋前 9 年建造的，可以容纳当时庞培城的所有居民。目前，维苏威火山和庞培古城一样，成了意大利南部的自然风景区和旅游胜地，每年都吸引了无数的游客前去观光、游玩。

古城庞培之谜的揭开，使人们完整地了解了公元前 1 世纪罗马帝国城市的真实情况。

**点评**

今天，维苏威火山仍是一座活火山，在其上空常见到缕缕烟雾。它经常喷发，有时严重到足以威胁仍住在山下村庄的人们的安全。自然的力量是伟大的，我们虽然不能阻止，但有时却借此为人类的历史提供了见证。

## 现存最大的青铜器

司母戊鼎，河南省安阳市武官村出土，我国现存最大的一件青铜器。

司母戊鼎，自鼎足至立耳通高 1.33 米，器口长 1.1 米，宽 78 厘米，重达 875 千克。整个形体雄浑凝重：方唇，上有一对立耳；深腹，下部微收；平底，四柱足，足内空。腹面四周边框饰古代（商周时期）习见的兽面纹，上下边框中间有短扉棱，鼎腹四角都在扉棱。鼎足上部饰兽面纹，并有扉棱。造型大方、精致，给人以庄重肃穆的感觉。在鼎腹一侧内壁铸有“司母戊”三字，排列成品字形，笔势劲健，因此称之为司母戊鼎。有的古文字学家认为“司”字应释读“后”字，所以也有人称之为后母戊方鼎。20 世纪 70 年代，在河南省安阳市小屯村殷墟遗址内发掘了商王武丁的配偶妇好墓，墓内出土了一对司（后）母辛方鼎，通高 80 多厘米。这一对方鼎的形状和司母戊方鼎十分相近，前者仅仅小了一点。鼎内所铸铭文的字体也很接近，说明司母戊鼎的年代应与妇好墓相距不远。

据考古学家、历史学家考证，武丁的另一个配偶恰好是妣戊。据此推断，司母戊鼎应该是武丁之子商王祖庚时期的彝器，距今已有 3 000

多年了。它不仅是我国现存最大的一件青铜器，也是世界各地青铜时代文化中少见的大器物。20 世纪 30 年代末，司母戊鼎出土后，当地村民恐被外人掠走，又重埋入地下，直到几年后再次掘出，但司母戊鼎已失去一个立耳，现在中国历史博物馆陈列的司母戊鼎上有一个立耳是修复时照着另一个立耳铸成并安装上去的。

**点评**

司母戊鼎是我们研究商代历史的重要资料，它显示了我国古代人民的卓越技艺，也印证了商王朝的璀璨文明。

## 最大的古代窖藏粮仓

据史书记载，隋朝为了储存由全国各地运到东都洛阳的大批粮食，在宫城东北建含嘉仓城。到了唐代，又对含嘉仓不断修筑、扩大，使它成为当时大型官仓之一。

20 世纪 70 年代，河南省考古工作者对含嘉仓进行了调查和发掘，发现城内粮窖分布相当密集，东西排列成行，行距一般为 6～8 米，部分行距仅 3 米左右。窖与窖的间距一般为 3～5 米。现存窖口直径最大的 18 米左右，深 12 米左右，最小的口径 8 米左右，深 6 米左右。在仓城中部发现的一个粮窖（编号为窖 160），还存留着当时储藏的谷子。粮窖的形制结构十分科学，既能防潮、防鼠患，又能防盗、防火。大体是先从地面向下挖一土窖，夯实，再用火烧烤。窖壁下部呈黑红色，相当坚硬。然后铺一层用红烧土碎块和黑灰等拌成的混合物，作为防潮层。在防潮层上再铺一层木板层或木板和草的重叠混合层。以窖 50 为例，所铺木板厚 2 厘米多，为乳白色，在木板上又铺一层席子。从窖底到窖口，窖壁都围上壁板。壁板横行排列，直接镶砌在窖壁上。板的一端平齐，另一端削成尖状，或两端均削成尖状，相互穿插交错，拼在一起。壁板一般长 0.7～3 米，中宽 0.05～0.4 米，厚 2 厘米左右。

根据窖 160 现还堆积着较高的谷子（已炭化）来看，壁板是随储粮增加逐步往高处镶砌的。粮窖顶部结构，是先用木板搭成由中心向周围撑开的木架，架上平铺一层席，席上再用草束（草束中有木棍）聚成圆锥形草顶。为了坚固或密封，在草顶上又涂一层很厚的混合泥。考古工作者按照窖 160 内现存谷子的总储量推算，当年这个窖能储放粮食约 50 万斤。含嘉仓大部分窖内发现了砖刻铭文，记载窖穴的位置、品种、编号、数量、储粮来源、入窖年月以及管理人员的姓名和官职等。估计是粮食进窖一次，就砖刻一次，作为登记备查。含嘉仓的储粮，主要是当时华北地区运去的租粟和江南地区运去的租糙米。

现在，我国已将发掘的窖 160 建屋保护，成为我国现存古代最大粮窖的陈列馆。

**点评**

当走进这个最大的古代窖藏粮仓，我们不能不为古人的智慧所折服。站在巨人的肩膀上看问题会看得更远，从历史中学习也可以让我们走得更快。

# 克里特岛的地下迷宫

克里特岛，爱琴海南端的一个岛屿。关于克里特岛，关于爱琴海，有这样一个美丽的传说。

在远古的时候，有个名叫米诺斯的国王，统治着克里特岛，他建造了一座有着无数宫殿的迷宫，里面通道纵横，谁走进去就别想再走出来。

在迷宫的深处，养着一只人身牛头的恶兽——米诺牛。为了供奉它，国王向希腊的雅典规定了一份骇人听闻的贡赋：每 9 年要送 7 对青年男女来，让凶恶的米诺牛在迷宫里把他们吃掉。

这一年秋天，轮到雅典人第四次进贡。人们在一片哭泣声中，送别这 7 对不幸的青年男女，并在运送他们的船上挂起了黑帆。雅典国王爱琴有个儿子叫特修斯，他不忍自己的人民遭到这种灾难，便决定和他们一起去克里特岛杀死米诺牛。他和父亲约定，如果事情成功，就在返航时把船上的黑帆换成白帆。只要爱琴国王一见白帆就知道儿子活着回来了。

航船时，船上的 7 对青年男女号啕大哭，特修斯不停地安慰他们。他们一行人经过几天的颠簸来到了克里特岛，米诺斯国王的女儿一见到特修斯如此英俊，便爱上了他。她为了不使特修斯遭到米诺牛的杀害，送给他一把剑和一个线团。聪明而勇敢的特修斯一进入迷宫，就把线头系在宫门上，并且放开线团，沿着复杂的通道，向迷宫深处走去。最后，他碰上了米诺牛，奋力抓住它的角，一剑刺死了它。然后，他带着进贡的青年男女，沿着线顺利地走出了迷宫。

为了预防米诺斯国王派人追击，他们在海边凿穿了米诺斯国王所有船只的船底，再和国王的女儿一起，登上驶向克里特的那条船扬帆回国。

经过几天的航行，雅典已远远在望。可是特修斯王子在兴奋之中竟忘了换下黑帆。在海边等待爱子归来的爱琴国王，看到驶近的船上依旧挂着黑帆，以为儿子已经殉难。他在绝望之中纵身跳入海中自杀了。从此，爱琴国王投身的那个海，就被称为爱琴海。

爱琴海是地中海的一部分，是希腊早期文明的摇篮，位于希腊和土耳其之间，也就是在希腊半岛（巴尔干半岛延长部分）和小亚细亚半岛之间。爱琴海南北长 610 千米，东西宽 300 千米，面积 21.4 万平方千米，平均深度 570 米，最深处 3 543 米。爱琴海海岸曲折，港湾众多，是地球上岛屿最多的海。在全世界众多的海中，没有一个海拥有像爱琴海那么多的岛屿。岛屿大多属于希腊，也有一些岛屿属于土耳其，沿海主要港口有希腊的萨洛尼卡和土耳其的伊滋密尔等。希腊半岛与埃维亚岛之间的爱琴海海潮非常湍急，是世界闻名的凶猛多变的海潮之一。

20 世纪初，英国学者伊文斯带着一个英国考古队来到克里特岛，来寻找传说中地下迷宫的奥秘。

英国考古队终于在克里特岛北部诺萨斯安营扎寨。他们夜以继日地寻找方位，查找资料，根据线索，终于在地下发现了迷宫——米诺斯王宫。

这座王宫依山而建，是一个由许许多多房屋组成的复合体，总面积约 16000 平方米。中央是一个长方形的庭院，四面环绕着国王宝殿、王后寝宫、有宗教意义的双斧宫、依地势坡度建成的楼房以及贮藏室、仓库等。它共有三层，还有地下室。在各个华丽建筑之间，有长廊、门厅、复道、阶梯等连接，千门百户，曲折相通。考古队在迷宫的墙上，看到了许许多多色泽鲜艳无比的壁画。在长廊中，有庆典游行的画带；在国王宝殿和王后寝宫里，有表现国王、贵族的活动和集会以及自然景物的壁画。其中有一幅是表现国王的，他头戴百合花王冠，颈套项圈，腕戴镯子，在花丛中漫步。此外，还出现不少穿着非克里特服装的仆役的形象，看来他们是作为贡赋而送到这里来的奴隶。

最使考古队感兴趣的是，在宫中发现了 2 000 多块泥版。这种泥版显然是用黏土制成的。它的外形类似狭长的棕叶，上面刻着许多由线条构成的文字。另外发现在印章、器皿等物品上，也铭刻着这种文字。这就是线形文字。

直到 50 年后，人们才对其中的一部分文字释解成功。原来，泥版上记载着的是王宫的财物，其中包括国王向各地征收贡赋的情况。计算法用的是十进位。铭文上使用的许多语言，与古希腊使用的语言只有稍微的不同。由此可以知道克里特岛文化与古希腊文化的密切联系。

考古队环绕迷宫进行发掘，发现迷宫四周是一些贵族的府第。有的府第还有特别的通道与迷宫相连。而在这些规模宏大的宅第的旁边，又发掘出了许多极为简陋的小屋和茅舍，它显然是穷人或奴隶们居住的地方。

地下迷宫秘密的揭开，使人们看到了公元 15 世纪前后，爱琴海地区克里特文化的高度成就。英国考古队再现了古希腊的灿烂文化，从此名扬天下，受到世人的尊敬。



**点评**

仅凭一个美丽的传说，考古学家们就找到了克里特岛的地下迷宫。这是科学的力量，也是考古学家们坚忍不拔的精神的体现。

# 青花釉里红瓷仓

20 世纪 70 年代末，丰城县文化馆在省文物商店的协助下征集到一件在景德镇出土的青花釉里红瓷器——楼阁式瓷仓，现收藏在江西省博物馆内。

这件楼阁式瓷仓，是一件珍贵的工艺品。青花釉里红瓷器，甚为罕见，作为楼阁式瓷仓，并且有明确纪年，迄今仅此一件。

瓷器的两柱间有正楷直书墓志，自右至左 12 行，共 159 字，记载死者为“故景德镇长芗书院山长凌颖之孙女”，死于后至元戊寅（即后至元四年，公元 1338 年），安葬于南山。

瓷仓通高 29.5 厘米，横宽 20.5 厘米，进深 10 厘米。仓顶是庑殿重檐顶，红柱，瓦由釉里红点彩串珠组成，两旁作亭式稍低于仓顶。整个楼阁，形式上是一座宴乐厅。楼的四周有高 2 厘米的小栏杆，中有隔墙，分为前、后楼。前楼内置宝座，宝座两侧各有一人双手执翣，座前有二人舞蹈。后楼与前楼相通，有一支四人乐队，执腰鼓、琵琶、萧等，正在演奏，正楼两侧的旁楼也各置栏杆。左楼二人演奏琵琶、拍板，右楼二人在吹奏箫笛。楼上的侍俑高 3.5 厘米。楼阁四柱饰红色，柱高 15.3 厘米，宽 9.4 厘米。四柱之内为仓。正面有门，门旁还有二人，手执棍棒，身着红彩白色衣衫，高 4.7 厘米。背面的壁上书写墓志。志文用青料写在白底上，呈蓝灰色，笔画重者呈褐色。仓的左侧壁上有黑底填红色正楷直书“五谷仓所”，柱前也有 2 人，高 3.5 厘米。其中一人执圆形簸箕，显然是料理粮食的。仓的右侧壁上有黑底填红正楷直书“凌氏墓用”。依壁分立二人，高 3.7 厘米。这也是护仓的侍俑。

全仓部分施影青釉，部分施红釉，并以青、红彩绘点缀装饰。青料呈蓝灰色，釉里红呈紫红或红褐色，色彩调配庄重，使整个楼阁亭台浑然一体，凝重秀丽。

此楼阁高低相错，主次有序，充分表现了元代时期江南木结构建筑的特色，也表现了我国古代人民精湛的技艺。它是 5 000 年中华文明的记录，是历史长河中的一件珍品。

### 点评

有先进的生产力，才有先进的社会。不同时期所生产出来的产品也反映了当时的社会面貌。

# 独石教堂的发现

20 世纪，考古学家把眼光投向了非洲的埃塞俄比亚。埃塞俄比亚位于非洲东北部，高原面积占全国总面积的三分之二，平均高度为 2 500～3 000 米，地势高峻，重峦叠嶂，绵延起伏。因此，埃塞俄比亚有“非洲屋脊”之称。它是非洲文明古国之一，具有 3 000 年的悠久历史。公元前 1 000 年这里就已经出现了国家，到公元 13 世纪，建立了封建王国阿比尼西亚后改称埃塞俄比亚，意即“被太阳晒黑面孔的人”。

根据史料记载，公元初期建立起来的著名的阿克苏姆王国因先后遭到来自东方波斯人和阿拉伯人的入侵而逐渐衰弱，终于在 10 世纪末被扎格维王朝取代。11 世纪初，扎格维王朝的王公拉利贝拉当上了国王，选定埃塞俄比亚北部山区的罗哈为都城，城名后来也改为拉利贝拉。拉利贝拉是个虔诚的教徒。为了显示其对上帝的一片虔诚之心，拉利贝拉国王特地从全国各地招募了 5 000 名能工巧匠，在建筑大师锡迪·梅斯奎尔的带领下，花了 30 年左右的时间，不用任何灰浆或黏合剂，在埃塞俄比亚高原坚硬的岩层中凿刻出一座又一座独石教堂，共计有 11 座，被称为世界十二名胜之一。

20世纪70年代，考古队开始在埃塞俄比亚首都亚的斯亚贝巴寻找这种称之为独石教堂的建筑。

由于国王拉利贝拉的去世，在以后漫长的几个世纪中这一地区已远离商业大道，淹没在荒山野岭之中。据判断，古称罗哈的遗址在现在的首都之南300多千米处。

考古队终日在千山万壑、崇山峻岭中挖掘、寻找。经过几个月的清理、发掘，这颗被历史的尘土和沧桑岁月掩埋达5个世纪之久的古代世界的璀璨明珠——11座独石教堂——再度放出瑰丽夺目的光芒。当人们步入独石教堂，望着这镂空透雕的门窗梁柱、走廊通道，欣赏着教堂内部色彩绚丽、各具特色的浮雕饰画时，无不赞叹这世界罕见的奇迹。

考古队经过鉴定，得出结论，这些独石教堂的施工大致可以分为三个步骤：先是清土，即将覆盖在岩石上层厚积的泥土全部清除。其次凿“毛坯”，即从岩层上向四周垂直往下开凿，凿出一块块深达12～15米的巨大石块，这就是独石教堂的“毛坯”。最后是成形，即在那些巨石“毛坯”上外削内镂，精雕细刻，将整个教堂的内部结构和装饰，如柱顶走廊、浮雕塑像、装饰花纹等都在巨石里面凿刻出来，而门窗梁柱则是从里向外镂空雕就。由此，工程之艰巨，施工之复杂，技艺之精巧就可想而知了。

在这组雄伟奇特、气势不凡的独石教堂中，规模最大的是梅法哈尼·阿莱姆教堂。梅法哈尼·阿莱姆意即救世主，故这座教堂又称为救世主教堂。它由一块33米长，23.7米宽，11.5米高的红色岩石凿刻而成。整个教堂通体绛红，宛如一团燃烧着的火焰，又似一轮西下的落日，显得神圣而又庄严。救世主教堂内部共有28根石柱，屋顶呈碑形。阿克苏姆石碑是一种大型的石制纪念物，往往高达几十米，重400～500吨，与埃及的金字塔同样闻名于世。这种石碑已成为埃塞俄比亚古建筑的重要标志。这组教堂中最为精美的是玛丽亚教堂，在其天花板和拱门上，色彩绚丽的红、黄、绿等颜料绘成一幅幅几何图形和动物形象，色彩艳异，惟妙逼真。凯尔教堂里发现了国王拉利贝拉的埋葬之处和国王的一些遗物。而要论造型奇特，则当首推圣乔治教堂。整个教堂被凿刻成十字架形，从上往下俯视，就好像是一个平放在地上的巨大的十字架。埃曼纽尔教堂内部则有宛如木柱式的石雕横梁，它的红墙构成了线条分明的几何图形。

由于这些独石教堂是在不同大小和不同颜色的岩石上开凿的，所以，其颜色和大小各不相同，建筑样式也各具特色，无一雷同，但都有古老的阿克苏姆式的石碑尖顶、门、窗和象征性的横梁。在教堂之间有壕沟、桥梁和岩洞互相接通，这些过道本身又构成了一个个内院。

**点评**

独石教堂，让人在神往其魅力的同时，也不禁感叹建造者的智慧与辛劳。

# 辽西鸟化石

20 世纪 80 年代末，朝阳县胜利乡一个姓严的农民，在本乡梅勒营子村发现了一具完整的鸟化石。后来，这只以前从无记载的鸟被命名为“三塔中国鸟”。接着，中国科学院古脊椎动物与古人类研究所的学者侯连海、周忠和等人，又在朝阳县波罗赤乡的大西沟先后发掘出 20 余件完整或比较完整的鸟化石，其中包括被命名为“燕都华夏鸟”和“北山朝阳鸟”的化石。朝阳县发现的这三种鸟，都生活在距今 1.3 亿年前后。这是世界上发现早白垩纪时期鸟化石最多的一次。

20 世纪 90 年代中期，考古工作者又在北票市上园镇炒米甸子村征集到两件鸟化石。最新的研究结果表明，化石距今已有 1.5 亿年，是侏罗纪鸟类化石在我国的首次发现。这是迄今为止发现的世界上最早的有角质喙的鸟化石。科学家们万分惊喜，于是给这种鸟起了一个似乎是风马牛不相及，实际上是要弘扬中华民族文化的名字，叫作“圣贤孔子鸟”。

辽西发现的鸟化石具有重要的意义：一是辽西发现的鸟化石对研究鸟类的进化和分异提供了珍贵资料。专家通过对四种鸟化石的研究认为，至少在白垩纪早期，鸟类已向着多方位辐射，鸟类的进化水平已有了很大的差异，而鸟类最早的祖先则可能在晚侏罗纪以前就出现了。二是它填补了鸟类早期进化的空白。鸟类起源于古代的爬行动物，20 世纪末在德国发现的距今 1.5 亿年的“始祖鸟”化石是鸟类动物的祖先。后来，人们又多次发现了距今 9 500 万年至 6 500 万年前的晚白垩纪时期鸟化石。但令人遗憾的是，在这中间缺了一个连接的“链条”，即 1.5 亿年至 9 500 万年前这一段的鸟化石。辽西的发现正好补上了这一关键环节。

在辽宁省西部陆续发现的这些十分珍贵的古生物化石，其中包括距今 1.5 亿年至 1.3 亿年的四种鸟类老祖宗化石 20 多件，不仅引起了中外学术界的瞩目，对研究鸟类进化进程也有着重要的意义。

**点评**

化石，是考古学家研究远古时期的主要依据。用心仔细聆听，你就会听到它在向人们诉说着远古时期的各种事件。

# 撒哈拉沙漠中的“艺术长廊”

在阿拉伯语中，“撒哈拉”就是荒凉之意。

撒哈拉沙漠位于非洲北部，东起红海沿岸，西至大西洋，北迄地中海，南部深入非洲大陆高原腹地；东西长达 5 600 千米，南北宽约 1 600 千米，总面积为 960 万平方千米，约占非洲总面积的 32%，占全球沙漠总面积的一半，是世界上最大的沙漠。它的最低高度为海平面下 132.9 米，最高则达到海拔 3 400 米，一般海拔 200～500 米。

在如此广袤辽阔的大荒漠中，除了极个别的点状绿洲外，到处都是黄色的沙子。一条条平行排列的沙垅，高度 100 多米，延伸达数百千米。像金字塔一样的沙山，高高耸起，还有令人生畏的沙海，纵横千里，显示着大沙漠的浩瀚和壮观。

撒哈拉沙漠降水极少，是典型的热带干热气候。白天，烈日当空，气温急升，烤得沙丘如同火炉，鸡蛋放在沙堆上很快就可以烤熟，地表温度最高达 70℃。然而一到晚上，温度骤降，有时竟降到零下 15℃。这样强烈的温差，使裸露地表的岩石剧烈地热胀冷缩。每当夜晚，到处都可以听到岩石爆裂的声音。更令人胆战心惊的是沙丘和沙山也因为剧烈的胀缩，促使大堆的沙砾坠落下滑，使整个沙丘像山崩一样从高处轰然滚落下来，接着又激起一连串的连锁反应，使那闷雷般的轰鸣此起彼伏地在沙海中经久不息地回荡着，令人夜不能寐。

唐代大诗人王维奉命以监察御史的身份，到凉州河西节度使府第慰劳将士，曾写了一首《使至塞上》的诗，其中的“大漠孤烟直，长河落日圆”是流传千古的名句。他给我们描绘了一幅美丽的沙漠风光图：在广大无边的沙漠中远远看去，边塞上用作军事联络信号的烽烟格外地挺拔；那横贯在沙漠中的长长的黄河和傍晚落山的太阳，大大的，圆圆的，茫茫苍苍让人感到温暖和亲切。不过，如果王维与考古学家经过长途跋涉，历经千辛万苦，来到非洲撒哈拉沙漠的话，他绝不会以欣赏大漠的笔调，写下这两句神来之笔的。

2 000 年来，撒哈拉的河流和湖泊变小了，留下许多布满砾石的河床，植物普遍枯萎退化，动物被迫迁徙，气候越来越干燥，沙漠化的程度也越来越严重。风沙日积月累地风化和冲刷着横亘绵延于沙漠中部达 700 多千米的雄伟奇特的塔西利·恩·阿耶山。天长日久，周而复始，大自然的鬼斧神工将整座大山割裂，风化得千姿百态，怪石嶙峋。横空出世的千仞石柱，岌岌可危的石桥，迷宫一般的小洞，森严峻峭的石壁，真可谓是光怪陆离，令人目不暇接。此外，阿耶山中还有存活数千年的海鱼、巨柏，以及绚丽迷人的史前岩画。这些大漠中的“艺术长廊”是一部向世人展现这一地区沙漠化历程的生动画卷，具有很高的科学研究和艺术审美价值。

20 世纪 20 年代，有一支考察队在阿耶山的一个山洞里捕捉到了一条大鳄鱼，在另外一些半干涸的岩洞里发现了地中海鲃鱼。由于沙漠地带的气候十分干燥，为了适应这里严酷的自然环境和生存条件，地中海鲃鱼这一与世隔绝的稀有鱼种也在漫长的岁月里逐渐地改变了自己的生活习性，形成了自己独特的性状，成为撒哈拉鲃鱼，这充分体现了适者生存的自然规律。此外，在阿耶山的南坡生长着成片的巨柏，它们顶风抗旱，生长得粗壮挺拔，根深叶茂，很有生机。其中，有些巨柏树围 6

米以上。考古学家根据鳄鱼、鲃鱼和巨柏这些“活化石”有力地向世人证明，这一地区在几千年以前曾经有过与今日地中海沿岸极为相似的气候条件和地理环境。

20 世纪 30 年代，法国一支远程探险队到撒哈拉沙漠探险。这天，他们来到阿尔及利亚东南部的塔西利。一天的沙漠跋涉，队员们又渴又累，困乏不已。队伍只得在一条早已干涸了的河床边石阴下休息。突然，队长布雷南斯惊叫了起来。原来，当他躺下昏昏欲睡时，看到一幅画着犀牛的岩画与真犀牛一样大小，栩栩如生。这个惊奇的发现，使布雷南斯激动不已。接着，他沿着河谷仔细寻找，又发现了许多岩画。他将发现的河马、大象、骆驼、长颈鹿、狮子、羚羊和头戴面具的人物等岩画一一描绘在记事本上。几个月之后，布雷南斯的这本记事本转到了考古学家亨利·洛德的手中。

亨利·洛德对此极感兴趣，并敏锐地意识到这一发现在考古学上的重要价值。他立即组织了一支考古队来到了撒哈拉沙漠的深处，对岩画进行了一系列考察，并运用现代科学技术对这些岩画进行了研究和分析。这些岩画或刻在山洞的石壁上，或绘制在裸露的岩石和山崖上，虽然经过了几千年的风雨侵蚀，但大部分岩画仍然得以保存下来，而且线条清晰，成为考察和研究撒哈拉历史的珍贵文物。

在这 5 000 幅岩画中，最引人注目的是一幅 120 平方米的大型岩画。画面上的大象、狮子、长颈鹿和其他动物神态各异，惟妙惟肖。另外，面积约 20 平方米的一幅狩猎图也很有特色，上面画着 135 个人，正在追杀围猎一群飞奔如疾的羚羊。一只身负重伤的大犀牛鲜血淋淋，表露出痛苦绝望的神情，正在猎捕者的追杀下拼命抵抗和挣扎，给人以深刻的印象。

岩画向人们展示的是撒哈拉地区的一幅幅历史长卷。譬如，在利比亚的乌德马西多斯和阿尔及利亚的恩阿杰尔伊赫伦等地发现的大量壁画，都是反映狩猎时期的艺术作品。绘制年代大约在距今 8 000 年前。壁画上主要画的是大象、长颈鹿、羚羊等野生食草动物，甚至还有水牛在画面上出现。这些岩画至少可以说明当时的撒哈拉是一片水草丰美茂盛的大草原，自然条件湿润而多雨。在这样气候温暖、河流纵横的森林和草原地区里，不仅生长着种类繁多的植物和动物，而且为人类提供了很好的生活条件。在塔凯德杜马廷发现了一幅绘制得十分精致的牧牛图，至今大约有 5 000 多年的历史。从图上可以看出，当时人们养牛的规模很大，而且饲养技术已经非常进步，反映了放牧时期的特色。养牛业的发达，除了表明人类生产技术水平的提高之外，自然物质条件也是不可忽视的重要因素。

在丁阿尼乌因发现的一幅壁画，上面绘着一个男子驾驭着双马牵引的车辆在飞驰。这种车辆既可用于打猎，装载货物，也可用于战争。此外，壁画上还有几个只在腰上缠着一块布，手执长矛，围攻一头叼着羊的狮子的猎人。在这些壁画上出现了穿着统一制服、带着武器、排列整齐的军队。据分析，专家们认为这些壁画所表现的是部落进行掠夺和战争的时期，距今约 3 000 多年。

再往后，壁画的题材出现了商业贸易和马队运输的内容。特别值得注意的是，这时也有一些反映干涸和沙漠化的内容的作品，这些作品虽然很少，但至少也向人们提供了这样的信息，即这时的撒哈拉已经成为即将被人类抛弃的荒漠地带。

但是壁画中没有出现一向被人们称之为“沙漠之舟”的骆驼。据记载骆驼出现在非洲的时间在公元 46 年，显然在此之前，由于撒哈拉沙漠的生活条件迅速恶化，人们不得不迁往他乡。于是撒哈拉岩画的创作也到此结束了。

这些遗留在塔西利·恩·阿耶山石壁上的数千幅生动逼真、栩栩如生的史前岩画，半个世纪以前，还与世隔绝着。现在，它终于出现在世人的眼前。那么，谁是这些形象生动、绘制精巧的史前岩画的作者呢？

马里驻联合国教科文组织的代表，一个班乌尔族人在看了那些只有头和身躯、没有腿的牛的岩画后指出，这些奇特的画可能和班乌尔族人的传统信仰有关。班乌尔族人认为牛来自水中，因此，在一年一度的洛托里节，班乌尔族人把牛牵到池塘中，而牛到了水中，腿部自然就看不见了。这些解释是否就是答案，人们还难以下定论，有待考古学家们继续探讨。

### 点评

虽然岩画的作者无法确定，但是，可以肯定的是，这些大漠中的“艺术长廊”是人类艺术史上的又一伟大发现。我们相信，通过这些岩画，可以更详细地了解撒哈拉地区的发展演变过程。

## 石像生最多的陵墓

石像生是指在皇陵神道两侧相对排列的石雕人物、禽兽等的统称。由于秦始皇曾将他生前大将翁仲之像立在他的陵前，所以，也有人把陵墓前的石人像称为“石翁仲”。

帝王陵前神道上排列石像生仪仗队的历史，由来已久。自秦汉以后又有了一些发展，可惜的是，唐代以前，帝王陵墓多遭毁坏，石雕几乎荡然无存。因此，陵前这支仪仗队的数目有多少，已无从查考。

在安徽省凤阳县西南 8 千米，距明中都城西南 5 千米，有一座明皇陵，是明太祖朱元璋父母的陵墓。在这座陵墓前，有 32 对石像生，加上华表，共有 36 对，恰恰比规定的 18 对增加一倍，这是现存陵墓前石像生最多的一座。现在这些石像生是独角兽二、石狮二、石马及控马人二、石虎二、石羊二、石人二等，其中缺石马一对，只存 31 对。石像生立于洪武二年（1369 年），应是元朝人所雕琢，因此带有元代风格。皇陵碑立于洪武十一年（1378 年），文为明太祖朱元璋亲撰。全文 1 105 字，楷书。内容包括家史、朱元璋青年时为僧史、明开国史和其他等四个部分。据考证，皇陵碑文对《元史》《明实录》《明史》等史籍，具有证史、补史、校勘史的作用。

汉墓前的石像生，保存较好的是汉武帝茂陵陪葬的霍去病墓石刻。唐代则以高宗和武则天合葬的乾陵保存得较为完整，石像生共有 18 对（外国王宾像不在此数内）。宋代诸陵的石像生也不过 10 余对。到明清时期才形成陵前置 18 对石像生的规格。北京明十三陵、清东陵和西陵的主神道两侧都是排列了石人、石兽 18 对。

这些石像生象征着主人的身份和地位，尽管很多石像生遭到破坏，但现有的石像生还是向我们描述了历史的演变和发展。

**点评**

通过陵墓前的石像生，我们更多地了解了古代的丧葬形式，也更多地了解了当时的历史现状和社会制度。

# 陕西首次发现秦国金盆

考古工作者在对陕西省凤翔县的两座秦墓进行抢救性清理和发掘中，发现了十余件金器、铜器等文物。专家研究后认为，金制容器在春秋战国时期十分少见，此次发现的一件秦墓金盆属于首次发现。

据陕西省凤翔县博物馆副馆长景宠伟介绍，这两座秦墓位于秦公陵园南约 2 千米，墓葬形制为东西向竖穴土圹墓，因破坏严重诸多资料已不可得。经整理，一座秦墓中有金盆、金首铜刀、玉饼等 10 件罕见文物，另一座墓中则出土了金带钩、料珠串饰等 5 件（组）珍贵文物，器物小巧精美，内涵丰富。至于金制容器，春秋战国时期只有湖北的曾侯乙墓出土了金盏和金杯。已经出土的这件手可盈握的小金盆，属于直口、平沿外折、弧腹、小平底，口径 7.7 厘米，沿宽 0.6 厘米，高约 3 厘米。而其肩部和腹中部各有一周弦纹，腹下部饰有一周阴线纹，十分精美。令人惊奇的是，在众多文物中一组粉绿色料珠串饰的珠径仅一二毫米，竟长达 10.74 米，很可能是考古史上最长的串珠。此外，同时发现的一件八兽带盖四足小铜鼎和一件青玉质地鸟形玉饰也十分罕见。专家认为它们均具有外来文化因素，尤其是鸟形玉饰的形制与内蒙古赤峰的“红山文化”鸟形玉饰极为相似。

**点评**

“红山文化”被认为中国北方古代文明之源，这种相似性也为文化交流与传播等研究提供了新资料，具有重要价值。

# 河北发现世界上最原始鸟类化石

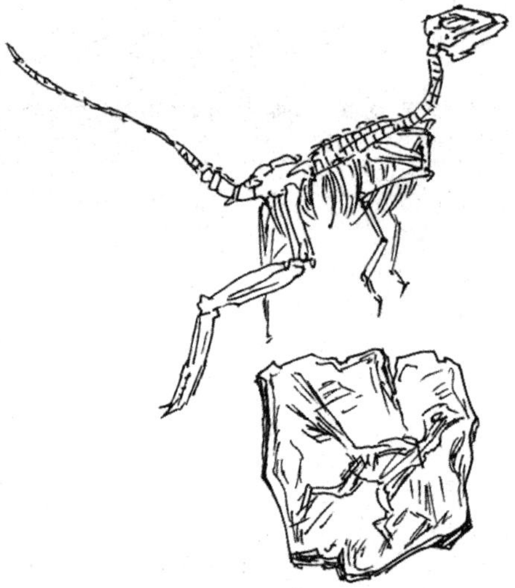

自发现始祖鸟之后，人们基本上认可鸟类是从爬行动物演化而来的，但一般认为，鸟类源于槽齿类或鳄类等较原始的爬行动物。19 世纪 70 年代，达尔文进化论支持者赫胥黎提出大胆假说，认为鸟类是由恐龙演化而来的。从 20 世纪 90 年代开始，我国科学家相继在辽西地区发现了多种长有羽毛甚至翅膀的恐龙，为鸟类的恐龙起源说提供了证据。

然而关于这一问题的争论并未结束。目前，关于从恐龙到鸟的进化存在两种假说：一是“树栖说”，即认为恐龙是在树栖生活中向下跳跃滑翔，逐渐具备了飞行能力演变为鸟类。二是“陆生说”，认为恐龙是在快速奔跑中为保持平衡而逐渐长出了羽毛。激烈的争论共同推进了鸟类起源研究的发展。

20 世纪 90 年代中后期，中国地质科学院季强、徐星研究员在中国辽西地区发现了大量长羽毛的恐龙和原始鸟类化石，推动了国际鸟类的起源研究工作，有力地支持了鸟类起源于小型兽脚类恐龙的学术观点。

随着研究的深入，从恐龙到鸟类之间的界线越来越模糊，然而季强等人始终未能在国内发现与德国始祖鸟处于类似进化水平的原始鸟类化石，“天下第一鸟”的称号仍然为德国始祖鸟所保持。

20世纪末21世纪初，季强领导的科研小组开始着手探讨“鸟类定义”和“鸟类飞行起源”等问题。四年后，中国地质科学院季强研究员领导的科研小组在河北丰宁晚中生代地层中，首次发现了迄今世界上最原始的鸟类化石。季强等人将这一种鸟正式命名为“华美金凤鸟”。

华美金凤鸟的化石标本保存十分完整，头尾长度约54.8厘米，全身被覆着清晰的羽毛印痕。它保存了12节颈椎、11节背椎和23节尾椎，尾巴长度约为身体总长度的一半。上、下颚各发育18颗光滑无饰的牙齿。体腔内还有11颗褐黄色、长径小于1厘米的卵圆形蛋。

“19世纪60年代初始祖鸟在德国的发现，曾被认为是当时最重要的科学发现之一。”季强说，由于始祖鸟既显示出明显的爬行动物特征又保存了精美的羽毛，140多年来一直被当作爬行动物与鸟类之间的“中间环节”，大多数人更认为它是世界上最古老的鸟类。但因为始祖鸟总共才发现了8枚化石标本，地理分布十分局限，国际上围绕鸟类起源问题长期以来展开了激烈争论，提出了各种各样的假说。

研究员们根据205个特征对华美金凤鸟进行了支序分析，证明它处于鸟类谱系树的基部，比始祖鸟略微原始，这是从恐龙向鸟类演化过程中一个非常关键的位置。季强认为，从眼下的研究情况看，“天下第一鸟”应该是华美金凤鸟，而不是德国始祖鸟。

### 点评

现在，“天下第一鸟”的名称终于有了归宿，考古学家又开始了新的探索。古代留给我们太多太多的疑问，考古学家们身上有着沉甸甸的责任，让我们一起祝福他们吧。

# 考古学家的故事

## 震惊世界的贾兰坡

贾兰坡，字郁生，出生于河北玉田，旧石器时代考古学、古人类学、古脊椎动物学家。

贾兰坡对第四纪地质、古脊椎动物、古人类等方面都有很多研究，在旧石器考古方面，成绩最为显著。作为一位世界公认的旧石器时代考古学家和古人类学家，贾兰坡于 20 世纪 30 年代中期主持周口店的发掘工作。最初的两年时间，贾兰坡除发现了大量石器和脊椎动物化石外，又连续发现了三个比较完整的“北京人”头盖骨化石，震动了国际学术界。

“北京人”的故乡在今天北京西南约 50 千米处的周口店龙骨山。20

世纪 30 年代初，年轻的考古学家裴文中教授在这里发现了一个完整的“北京人”头骨。第二年，在“北京人”遗址发现了两处含有丰富石英的地层，这意味着对“北京人”的探索进入了一个崭新的阶段。这时，贾兰坡来到了龙骨山，开始对“北京人”进行深入的研究。

贾兰坡对“北京人”的研究就是从发掘石器开始的。现在人们已经从“北京人”的发源地挖出了数以万计的石器，数量之多是世界上任何一个人类化石地所没有的。在“北京人”制造的石器中，以石片石器为主，石核石器不多。其中有“砍斫器”（用来砍伐木材等）、“刮削器”（用来切割兽肉等）、“尖状器”（用来剥割兽皮等），并看到一种松软的黑色物质。但是，当时谁也不知道这种黑色物质是什么。直到后来有人把它送去化验，结果才知道这种黑色物质是“炭”，并证实是“北京人”使用火的痕迹。现在人们不仅发现了“北京人”使用过的灰烬、炭块，还发现了被烧过的骨头和石块。“北京人”遗存的灰烬都是成堆的，这证明“北京人”已有了使火不向外蔓延的管理火的能力。工具和火的使用这两个事实，雄辩地证明了“北京人”不是猿类，而是已经进化的人。

裴文中教授赴法国留学后，龙骨山的发掘工作由贾兰坡负责。先挖到了猕猴的化石，之后不久就挖到了“北京人”的牙齿，还发现了几块碎小的头骨和石器，这让考古学家们看到了希望。接着，在一片面积不大的范围内，集中出现了约 40 个肿骨鹿的下颌骨，这种情形过去从未有过，情况有些反常。几天后，考古学家挖到一块保存完好的“北京人”下颌骨，大家因此信心倍增，每天都希望能有重大发现。突然，贾兰坡看到一名同事正往筐里装一块碎骨片，心里陡然一惊：这不是头骨的一部分吗？赶紧上前，稍一端详，立即证实了自己的判断。于是马上采取紧急措施，将周围 6 平方米作为特别区域，调来 3 位技艺高超的发掘能手通力挖掘。不一会儿，在半平方米的范围内，耳骨、眉骨、枕骨等相继露面。头骨埋在松软的砂土之中，可大伙儿直到中午才把它们全部取出。然后分装在两只荆树条编成的小筐中，小心翼翼地带回驻地。晚上，贾兰坡用了整整一夜的时间，将破碎的头骨烘干、粘接、修复好。就在这天下午，距上午挖出的头骨1米处，又发现了另一个头盖骨，也破散成好几块。第二天，将第二个头骨完整无损地挖了出来。消息对外发表，再一次震惊了世界。没过几天，竟然又发现了第三个头盖骨，而且这个头盖骨不像过去发现的那样破碎，保存得相当完整，连部分鼻骨、眼骨等都有。贾兰坡怕有闪失，当即把头骨修复完毕，连夜送回北京。在短短两周之内，连续发现3个头盖骨，这实在令人激动不已。

在龙骨山发现的“北京人”，如头骨、下颌骨和牙齿等，实在是最完善、最优美的采集。只是四肢骨骼始终未能找到。这在当时确是非常遗憾的事情。不过，15年后，贾兰坡在整理标本时，认出了北京人的一段肱骨（上臂骨）和一段胫骨（小腿骨），弥补了研究的缺陷。“北京人”的上肢已接近现代人，下肢还保留着较多的原始性，平均脑容量为1 059毫升。“北京人”的这些特征证实了“劳动创造人”的伟大真理。寻找“北京人”在20世纪30年代中后期达到了高潮。

“北京人”化石标本一直藏在北京协和医学院解剖科的保险柜中。20世纪40年代，日美关系急剧恶化，“北京人”也变得岌岌可危。为了安全起见，决定将“北京人”转移到纽约自然博物馆去——尽管这是违反协议的。于是“北京人”被分别装入两个大木箱中，由美国海军陆战队负责押运。途中，“珍珠港事件”爆发，运送“北京人”的美国海军陆战队专用列车在秦皇岛被截，从此，“北京人”下落不明。战后，经多方查找仍然没有任何线索。

新中国成立后，又重新开始在龙骨山挖掘“北京人”的遗址，相继发现了5颗牙齿、1个相当完整的下颌骨和1个完整的头盖骨，而且，科学工作者还在全国范围内寻找“北京人”的“兄弟姐妹”。

**点评**

贯兰坡挖掘出的“北京人”牵动着所有人的心。透过这些遗骨，我们可以找到人类最早的足迹，这一点对全人类来说意义重大。

# 敢于质疑历史的陈景元

陈景元既不是考古学界的权威，也不是历史学家，他只是一个建筑学方面的学者，退休前在江苏省国土资源局工作。然而，在兵马俑的研究界，他一直坚持着自己的观点：兵马俑的主人根本不是秦始皇，而是秦宣太后！

陈景元第一次接触秦始皇陵是在20世纪50年代后期。当时，他考入西安建筑工程学院建筑系。在大学里，陈景元开始广泛接触中国古代史。“建筑和其他专业不一样，必须要研究各种历史建筑的风格。”他说，“因此人文、历史等很多方面的知识都要了解。”他还认为：“浩大的秦陵建设，都是建筑学上的事，地宫结构、施工方案、土方运输以及陵墓建筑的布局、主轴线方向等，绕开建筑专业自搞一套，实际上都是不能成立的。”入学报到后的第二天，他就独自一人到临潼东边，考察荒芜不堪的秦始皇陵。几年后，秦始皇陵成为全国重点文物保护单位，并由陈景元的老师负责对临潼县进行城市规划设计。对秦始皇陵的保护是规划的核心问题之一，对于秦始皇陵的规模勘测则是计划的第一步。虽然历史没有准确地记录下皇陵的规模，但根据秦汉墓穴的时代特点以及他和同学的勘测，以秦始皇陵为中心，特地划出了30～40平方千米的保护圈，准备建设一个特别的森林公园。当时为了保护文物，划定的区域已经远远大于陵墓的面积。20世纪70年代中期，当地传出兵马俑被发现的消息。但让陈景元奇怪的是，出土的地方却远在当初他们划定的这个区域之外。更奇怪的是，出土不久后，兵马俑就被认定是秦始皇的陪葬品，陈景元非常怀疑，他说："我们当时特地多划了很大的区域，就是为了保护文物，而且陪葬品放置那么远是不符合常规的。"很多研究材料表明，兵马俑到秦始皇陵的直线距离是1.5千米。而这1.5千米还不是两地的中心距离，他们的估算是按照两地的边缘距离，中心区域相距还要超过这个数字，陈景元依据自己的建筑学知识产生了怀疑。在家里，他展示了当年划出保护圈的测算图纸，精确到每1米的距离。"如果按照他们的解释，秦始皇陵有那么大的话，会把整个骊山也包括进去，这现实吗？"兵马俑的发现地点和秦始皇陵园的距离太远，这是陈景元对此的最大疑点。公开的材料表明，秦始皇陵的面积是56.25平方千米，周围包括兵马俑在内的多处发现都是秦始皇的陪葬品。"秦始皇陵真的有那么大吗？"陈景元怀疑说。

而且，古代帝王的陵墓多是南北走向，兵马俑的方位却在秦始皇陵的东面。作为陪葬品，却没有坐落在陵墓的中轴线上，这有可能吗？而且秦始皇陵背靠骊山，前有大河，在古代的建筑风水学说中是极佳的位置，难道古往今来只有秦始皇一人看中了这块风水宝地吗？凭什么出土不久就被认定是秦始皇的陪葬品呢？

兵马俑出土不久，考古专家很快就得出结论："秦俑坑当为秦始皇陵建筑的一部分"。据《秦始皇陵东侧第一号兵马俑坑试掘简报》记："秦始皇俑坑的西端西距秦始皇陵东墙1 225米，和秦始皇陵内城的东北角成一直线。"加上出土的器物，考古专家便认定陶俑"是秦始皇陵建筑的一部分"。在此后的宣传材料上，一致认为兵马俑的主人就是秦始皇。

为什么结论会下得如此之快呢？围绕兵马俑究竟发生了什么？

回顾历史，我们发现，兵马俑是当地居民无意中发现的。当时，临潼县东西杨村一群农民在村子附近打井，发现了兵马俑。很快，县文化馆的工作人员赶到，他们初步断定这可能是大型陶俑，不过距离秦始皇陵太远，是不是秦始皇的陪葬品及其时代、作用，他们一时也难以判断，当时也没有立即上报。两个月后，有新华社记者了解到情况并写了内参，刊登在《人民日报》的《情况汇编》，标题为《秦始皇陵出土一批秦代武士俑》，短短四五百字将事情清楚地描述了一遍。至于出土的武士俑是不是秦始皇的陪葬品，这位记者在文章中并没有明确说明，但这篇文章已经将兵马俑和秦始皇陵紧密联系在一起了。这个消息引起了毛泽东、周恩来以及当时国务院领导人的重视，要求国家文物局的负责人进行妥善保护。

当时临潼县文化馆的工作人员感到压力很大。文化馆的同志讲，出土陶俑的地方距离秦始皇陵很远，对坑的大小、时代、性质和内涵等很多重要问题，他们都说不清楚。他们是反复商讨并请示县领导后才决定不上报的，待进一步调查清楚后再向上级汇报。很快，中国社会科学院的专家与陕西文物部门的专家一起来到临潼，现场考察后，疑问反而在更广的人群中扩散：这附近没有大型的墓葬，只有不远处有座秦始皇陵。但秦始皇陵的陪葬坑怎么会放在如此远的地方呢？专家对陶俑的时代、性质、属主等问题仍不敢下肯定的结语。但在《试掘简报》中，却对兵马俑的主人做出了判断。

了解这些背景后，陈景元更加坚信自己的怀疑：“当初对兵马俑的属性并没有准确的学术判断，这难道不叫人起疑吗？”

为了使自己的说法更有说服力，陈景元跑到现场勘查。按照兵马俑博物馆的说法，该俑坑建于秦统一六国的十几年后。但奇怪的是，坑里有很多不同轮距的车，这在当时是违法的行为。因为统一之前，秦国自己境内必须“车同轨”，否则无法在境内自由通行；统一六国后，“车同轨”便在全国推行。秦始皇又怎么会允许自己陪葬品的车轨有宽有窄呢？而且秦始皇自统一中国后，就改正朔，易“服色”，规定衣服、旄旌、节旗“皆尚黑”的制度。但几乎所有的武士俑出土时却从上到下都身穿大红大绿的战袍、紫蓝色长裤，这与秦始皇“尚黑”的命令大相径庭。秦始皇时只有大量使用步兵和骑兵的记载，而兵马俑坑内的军阵则是以战车为主的部队，兵器上也有可疑之处。

陈景元不断搜集相关的信息，写出了《秦俑新探——俑坑的主人不是秦始皇》，开始向中国社会科学院的学术刊物投稿，希望能够引起学术界对该问题的讨论。为了文章的发表，陈景元四处奔走，四处碰壁，没有学术杂志愿意和他一起冒这个险。《文汇报》的一位记者获知此事，将该事件发表在内参刊物上。政治局委员、社会科学院院长胡乔木知道后，批示此文章可以用“未定稿”的方式发表，但结果却杳无音信。陈景元不服气，通过知名学者于光远，向胡乔木再次反映了情况。胡乔木再次批示，表示此文章可以公开发表。但很长时间过去了，社科院的刊物上始终没有出现这篇文章。为了让自己的观点为世人所知，陈景元想出了一个暗度陈仓的办法，避开社科院，绕到自然科学院的刊物上发表。文章中，陈景元除了质疑秦俑的主人，还根据自己的考证说出他眼中武士俑真正的主人——秦宣太后芈氏。《西安府志》中对此记载：“秦宣太后，葬芷阳骊山，去新丰县十四里，则在临潼界。”在《临潼县志》中也说：“秦宣太后陵……在新丰县南。”地理位置和兵马俑出土地点相近。据《史记·樗里子列传》记载：“秦昭王，王母宣太后，楚女也。”可知芈氏是秦昭王的生母，而且她还是个“楚人”。这就解释了为什么兵马俑的发式和服装与当时的少数民族相似。公元前 306 年，昭襄王年少即位，宣太后摄政。太后临终之际，下令近臣为其殉葬，可昭襄王不愿意。当人殉的要求不能满足的情况下，为了孝顺自己的生身之母，便下令塑造真人大小的殉俑，布置一个辎重车队，象征性地让太后回归自己的楚国故里。

该文章激起了轩然大波，国内外的研究者不断询问兵马俑考古队对此事的看法。为了扭转这种舆论压力，一些兵马俑研究学者在西安召开研讨会，后来传出消息，到会的专家学者都认为陈景元的观点不正确。陈景元逐个给参加会议的学者打电话询问，是不是反对自己的观点。而让他吃惊的是，参加会议的一些学者和他有相同的疑问。原中国秦汉史研究会会长告诉陈景元，他本人也对此存在疑惑，并在自己的学术文章

《秦俑之谜》中支持陈景元的观点。谢万幸、杨飞、张万鑫等学者在各自的学术著作中，都表达了与主流不一致的观点。但很快，这些质疑的声音都被淹没在当时的舆论浪潮中。当时，《陕西日报》刊登了文章《秦兵马俑坑的主人是秦始皇帝——秦俑研究学术讨论会纪要》。兵马俑博物馆前任馆长袁仲一认为，兵马俑确实是秦始皇的陪葬品。他是当年兵马俑考古队队长，有“中国兵马俑之父”之称，在接受记者采访时表示：“随后不久，兵马俑内发现了写有‘吕不韦’字样的戈，秦宣太后比吕不韦早100多年，宣太后的墓葬又怎么会有后人的东西呢？”陈景元认为：“吕不韦戈发现的位置不在墓穴的底部，而在中层。如果是和兵马俑一起陪葬的话，那应该是在底部。兵马俑坑内每年都有淤泥堆积，戈发现的位置可以推断出大致的年份，那是宣太后身后的年份。而且兵马俑遭到破坏，此戈很可能是后来人带进去的。”

袁仲一认为，在一本古书上曾经记载着，秦始皇前来视察工程进展，曾下令宰相李斯将陵墓的范围，向外扩展“三百丈”。经过人们的钻探测量，发现西杨村发现陶俑的地点，正好在这“三百丈”的距离之内。陈景元则反驳，他找到那本古书的各种版本，根本就看不见有“三百丈”的字样。退一步说，秦代的1尺只有现在的23厘米，“三百丈”折成现在的尺寸，只有690米，西杨村距秦始皇陵中心接近2千米，怎么可能在“三百丈”的范围之内呢？虽然势单力薄，但陈景元还在坚持自己的声音。

**点评**

年近七旬的陈景元，始终没有放弃自己的看法，其执著的精神令人钦佩。希望考古界能够以客观的态度来研究秦始皇与兵马俑的关系，还原历史的真相。这件事和发现兵马俑的意义同样重大。

# 为古井揭秘的龙京沙

龙京沙是湘西自治州的田野考古专家，多年以来，他的足迹几乎遍布湘西。

20世纪90年代中期的一天，一艘渔船正冒着小雨逆流而上，驶向酉水河中游的里耶镇。傍晚，船到达里耶，但是，有一位客人并没有立即上岸，而是让船沿着靠近镇子的河岸边来回游弋，看样子是在寻找着什么。

雨渐渐停了，岸边的镇子里如往常一样平静。里耶是酉水河边一个有名的地方，这里的人们日出而作，日落而息，过着平淡而从容的日子。可是，这位神秘客人的到来打破了他们平静的生活。

这个人就是龙京沙，他这次来到里耶，是因为一个谜团一直困扰着他。里耶盆地位于中国西南腹地的武陵山脉之中，酉水河穿山而过。北面高耸的八面山将这里与巴蜀的广阔平原彻底阻隔。由于交通不便，居住在河边的人们始终和外界保持着某种距离。对于山外的人来说，这片土地上发生的一切，总显得扑朔迷离。

20世纪80年代末期，里耶镇的几个泥瓦匠在附近一个叫麦茶的地方取土时，意外地挖出了一批陶器和青铜兵器。随后到来的考古队就地发掘，很快清理出了50多座战国时代的古墓。不久，龙京沙在麦茶的调查再次取得进展，又有上百座战国时期的墓葬被探明。而且，从大量出土的器物上，可以看到明显的楚系文化特征，毫无疑问，这里曾经居住过数量庞大的楚人。站在这个2 000多年前的巨大坟场当中，他意识到如此集中的庞大墓葬，很可能意味着不远处一座城池的存在。

但是，对周边的调查没有取得任何进展。从清朝嘉庆年间修订的《龙山县志》中可以看到，里耶在战国时代就隶属于楚国的黔中郡，这也完全印证了龙京沙在麦茶古墓中的发现。不仅如此，县志当中还记载了一件更为重要的事情，那就是秦人曾经两度征服黔中郡，最终，秦始皇在消灭了楚国这个强大对手之后，将黔中郡纳入了统一的帝国版图。在司马迁的《史记》中也记载了这样一件事情，楚国的国师苏秦由于看到从乌江至酉水的通道是畅通的，因此担心已经占据巴蜀的秦人会从背后夹击楚国。苏秦的担心最终变成了残酷的现实。2000多年以前，当楚国的大军在中原战场上与秦军主力奋力厮杀的时候，另外一支秦军却悄悄从巴蜀沿水路潜入楚国的后方。按照专家的论证，当年的秦军首先从涪陵沿乌江而上，再经过一段陆路，转道酉水，沿河而下直达沅水，最后长驱直入楚国的洞庭湖地区。在这个过程中，酉水河畔的里耶恰恰是秦军的一个必经之地。那么，当秦军突然出现在这个楚人聚居之地的时候，他们是否看到了一座城池呢？

麦茶古墓中出土的很多器物，仍然无法确切断代。这时，向酉水河上游展开调查的龙京沙却有了意外收获。这天，当考古队的船来到距离麦茶墓群1.5千米外的大板附近时，岸边一座座凸起的巨大台地，突然引起了龙京沙的注意。不久，在酉水流域的地图上，又增加了两座巨大的墓葬群。加上先前发现的麦茶古墓群，三座墓群遥相呼应，成品字形分布在酉水河两岸。耐人寻味的是，这三个巨大的墓葬中分别埋葬着几个不同时期的人群。这一切都不能不使龙京沙有种强烈的感觉，在里耶盆地这些巨大的墓葬群的附近，极有可能存在过一座城池。

经过不断勘查，龙京沙在里耶小学附近发现一些散落在岸边地层中的陶片，正是2 000多年前某座巨大建筑上的瓦。继续追踪，出现了护城河与城墙的痕迹。

但是，龙京沙的这次调查在刚刚出现转机之后，便戛然而止。从此以后，龙京沙的心中再也无法平静下来。几年后，一个巨大的水利工程即将在里耶开展，里耶镇临河的一段将与上游一样，成为连绵百里的巨大堤坝的一部分，而龙京沙当年发现古城线索的地方，刚好将被埋入大坝的下方。这件事引起了文物部门的警觉，由于时间紧迫，考古队很快来到里耶，龙京沙将在这里彻底解开那个困扰他多年的谜题。这天，一名考古队员准备向下清理地层。突然，在原来厚厚的黄土之下，出现了深色的青膏泥，而且，青膏泥的范围越来越大。这一变化立刻引起了龙京沙的注意，他知道，青膏泥是湘西很常见的一种土质，但是它往往有规律地自然分布，在大量黄土之下突然出现，很可能是人为造成的。接下来，大量的古代垃圾从厚厚的淤泥之下被清理出来。龙京沙仔细地记录着每一样东西，这些大都是破碎的陶罐和瓦。经过反复确认，这些垃圾的特征从汉代一直延续到了宋代，这足以证明此地一直有人居住。

随着发掘的深入，灰坑下方的堆积物越来越多。不久，一件令人意想不到的情况发生了，当人们将厚厚的青膏泥清理出去时，坑中竟然出现了一个巨大的正方形木框。几天之后，这个巨大的方框已经深入地下达到4米，这时，出现在面前的是一口前所未见的大井。井下的淤泥被不断清出，井的深度也在逐步增加。像这样一口大井在当时绝非一般百姓所能建造，而且，在距离河岸很近的城内建造如此巨大的水井，足见当时的决策者对城内的水源格外重视。既然是这样，这口水井又为什么会突然在短时间内填入大量的垃圾和杂物，遭到彻底废弃呢？

井下工作仍在继续，一天，突然从井上传来一个工作人员急促的声音，让龙京沙吃了一惊。井上面的工作人员告诉他发现了文字！龙京沙迅速向井上爬去。作为一个富有经验的考古人，他十分清楚在这样一口井中出现文字将意味着什么，也许，这座古城的真正主人即将出现了。一枚长不足10厘米，宽不到1.5厘米的竹简残片，简上的文字已经超越了龙京沙的经验。古文献专家张春龙赶到现场，他一眼认出这是一枚写有楚国文字的简。

更多的答案也许就在井下，但是2 000多年以来，古井当中始终有淤泥填充，保持着内外压力的平衡，而这些天来的发掘彻底打破了这种平衡。危险无处不在，挖掘却没有任何进展。数天后，龙京沙再次冒险下井，此时，下方的井壁果然已经出现渗漏，2 000多年前的木板在十字形支撑的帮助下顽强地抵抗着来自各个方向的压力，巨大的危险随着时间的推移在一步步逼近。终于，当龙京沙小心地揭起一层淤泥时，他的手突然触到了一些规则的木片。很快，堆积物被运上地面进行筛洗。果然，当河水慢慢冲开裹在木片上的淤泥之后，人们再次看到了来自井下的文字。

当井下的简牍不断出现在面前时，张春龙陷入了巨大的震惊和疑惑之中。因为，这些简牍上居然明确地用古隶书写着秦代的日期，这无疑是秦代的简牍。那么，这一切就与前几天出现的楚简形成了一个奇怪的时间误区。从里耶古城一号井中发现秦简的那天开始，短短10来天时间，运上地面的秦简已经达到上万枚。数量远远超出之前的发现总和。而且，井下的考古队员依然没有看见井底。

井上，年轻的古文献专家张春龙用毛笔小心地蘸着蒸馏水一点点洗去简上的淤泥，2 000多年前留下的墨迹清晰地显现出来。而这一次令他更为震惊，出现在眼前的这些简牍大多抄写工整，格式规范，用词严谨，具有统一的格式。这分明是某官署的档案。

考古发掘的现场，大量的简牍还在源源不断地涌出一号古井。经过粗略的统计，出土的简牍已经超过两万枚。简牍的内容依然是秦代迁陵县的官署档案。那么，在这座神秘的城池当中，究竟发生过一次怎样的变故，才让如此大量的政府档案隐藏在这口大井之下呢？终于，张春龙在2000多年前的字迹里找到了一些有价值的线索。

就在里耶战国古城发现第一枚简牍的20天后，人们终于看到了一号古井的全貌。这是一口深达17米，面积达4平方米的巨大水井，始建年代为战国，在秦朝末期遭到人为废弃。但这口2 000多年前的大井，承受住了突然清空带来的巨大压力，在这20多天里，古井上下经历无数险情，幸运的是，考古队员和井下文物最终全部安全回到地面。经过最终统计，从一号古井下共出土秦简 36 000 多枚，简上的文字达数十万字，全部是秦代洞庭郡迁陵县的官署档案。而在此之前，各地出土的秦代简牍总数不足 3 000 枚。更为重要的是，这些简牍上的内容，为今天的人们提供了关于中国第一个统一时代的鲜活样本。

还有一件事情，让所有参与发掘的人至今感到不安，那就是在古井中最先出现的是十几片来历不明的楚简，在他们的下方才是数量惊人的秦简。这个奇怪的现象至今没有定论。那个将写有楚国文字的竹简抛入井中的人，已经将这个秘密永远带走了。

不久，在里耶上游 1.5 千米外的大板和魏家寨两地，又连续发现了两座独立的城池遗迹，它们和里耶古城有着密不可分的关联。

考古队长龙京沙又将奔赴新的战场，对于龙京沙来说，酉水河畔这一座座迷城的传奇也许才刚刚开始。

**点评**

科学的发展离不开科学家的努力，龙京沙那忘我的精神、不懈的斗志、置生死于度外的胸怀是我们学习的榜样。

## 探索金瓶之谜的黎瑞财

黎瑞财，大理市文物管理所所长，对南诏大理国山洞藏金瓶有着深入的研究。

21世纪初，在大理白族自治州东南的巍山县发生了一件怪事。一个夏季的傍晚，暴风雨即将来临，一位进山采药的彝族老汉不由得加快了脚步，他要赶紧找个地方暂避风雨。大山里通常会有很多的洞穴，老汉在草丛中寻找着，果然他发现了一个小小的洞口，急忙走了进去。洞中漆黑一片，地面上也坑坑洼洼，但洞里仿佛有种神奇的东西吸引着老汉向前走去。就在火光照亮前方的时候，老汉惊呆了，山洞深处显现出一些金灿灿的东西。再定睛细看，老汉辨认出这是些黄金打造的瓶子。这时，老汉好像受到了更大的惊吓，他全然不顾外面的狂风暴雨，跌跌撞撞跑出了山洞。山洞中的黄金瓶子似乎不是什么金银财宝，而是些更加诡异的物品，竟使得老汉这般惊恐万状。也许是因为受了惊吓和淋了雨水，老汉回家后便一病不起，不久就去世了。

老汉的去世引发了人们的争论。人们都说老汉看到了不该看的东西，那些金瓶是属于很久以前一些国王的，里面存放的是他们的灵魂。在当地一直流传着这个古老的说法，一个秘密的山洞里藏匿着许多国王的金瓶，但从没有人能够找到它们。随着老汉的去世，刚刚被发现的山洞也悄然消失了。

几年过去了，山洞里国王的金瓶已被人们淡忘，但黎瑞财所长却始终关注着这件事。这天他和同事来到了大理市的苍山脚下，传说这里也有一个藏匿着金瓶的山洞。这里离巍山有100多千米远，同样是藏着金瓶的山洞为何会出现在两处？而山洞中的金瓶真的是像人们传说的那样，存放着国王的灵魂吗？那些金瓶又会是属于哪个王朝的国王呢？黎所长在反复查阅史料后，发现《蛮书》上确实记载了关于金瓶的事情。看来，老汉的发现和人们的传说并不是子虚乌有，国王的金瓶的确存在。

但黎所长也清楚地知道，如果山洞是存放金瓶的地方，那就好比是国王的陵墓，它的位置一定非常隐密。为了不让后人发现这个金瓶的所在地，国王会首先派第一批人把金瓶储存收藏好，埋好以后，就派第二批人，把知道这个洞穴所在地的人杀掉，这样，这个洞的地点就永远是个谜了。

1 000多年前，大理地区曾有过两个地方王朝，它们的都城就建在了苍山脚下，但有关这两个王朝的文字记载却寥寥无几。明朝时，朱元璋派当时的傅有德平定云南后，把所有在官典籍全部烧毁了。

朱元璋所毁掉的正是大理地区两个古王朝的历史文献，它们就是南诏国和大理国。这两个王朝先后存在了500多年，但灭亡已有近1 000年的时间。再加上后人毁灭性的破坏，地面上已经没有了王朝的踪影，只有地下还可能埋藏着都城的废墟。如今这里的公路要扩建，人们必须先探明地下是否有古代建筑，才能动工修路。因此一支考古队在这里开始勘察，当然，考古人员更希望能够在此地发现南诏国和大理国的遗迹。

在巍山县的巍宝山下，有一座小小的庙宇，这里供奉着一位特殊的人物，他就是南诏国的创始人，名叫细奴罗。

根据有限的历史资料，人们了解到，早在大约公元600年时，细奴罗曾是巍山地区的一个种田人。那时的大理地区只有一些部落分布在洱海一带，细奴罗就是其中一个被称为南诏的部落首领。

后来他所带领的部落在唐王朝的扶持下，打败了当时洱海一带其他的5个部落。细奴罗统一洱海地区后，在家乡的一座山上建造了自己的都城。南诏曾有过的三代国王都生活在这个叫龙于图的都城里。那么，他们很有可能把自己的归宿选在巍山，而老汉发现的那个山洞也就有可能真的存在。

90多年后，南诏的第四代国王将都城迁到了苍山脚下，随着势力的不断扩大，南诏成为云南一带强盛的地方王朝，历时一共250多年。

当南诏国的时代过去后，大理国立国并沿用了南诏的都城。在苍山洱海一带大理国的都城又伫立了300多年。直到公元1253年，忽必烈攻占云南地区，南诏和大理国500多年的历史才最终结束，因此在苍山脚下有着神秘山洞的可能性也是存在的。

从细奴罗创建南诏，再到南诏国消失，一共有263年。在这期间，南诏曾有十几代国王即位。而其后的大理国存在的时间更长，延续了308年，即位的国王也应该更多。500多年里两个地方王朝皇室的人数加起来应该是个不小的数字，但这些国王的陵墓不仅始终没有被找到，甚至连一点点的蛛丝马迹也无从发现。

对此人们有着各种各样的推测。有人认为，由于南诏、大理只是两个地方王朝，他们的国力无法和中原王朝相比，没有足够的实力为每一位国王修建大型的王陵。也有人认为，南诏、大理远离中原内地，其丧葬习俗与中原地区完全不同。他们信奉佛教，时兴火葬，因此无须为保存尸骨大兴土木。

从大理地区保存下来的一些火葬墓中，可以看到，即便是普通百姓，实行火葬后，死去的人也还是要有一个墓碑的。或许因为帝王本来就不能和百姓同归一处，所以南诏、大理的国王们将归宿选择在了山洞里。

经过一个多月的发掘，考古工地的现场有了明显的变化。一些大大小小的土坑被专门清理了出来。人们发现在每一个土坑中都埋放着一块大石头。黎所长和考古工地的领队，对这些土坑异常关注。他们认为土坑中的大石块呈现了一种古人特殊的建筑手段，那就是在坑中先放上石块，然后在石块上树起木柱。用这样的办法建筑房屋，这正是南诏、大理时期建筑的特点。

根据文献记载，历史上这一带曾是南诏、大理国的都城。这次为了扩建公路而进行的保护性考古发掘，果然探察到了南诏、大理国的踪迹，这时在黎所长心中也随之升起了希望。那个藏着金瓶的山洞会不会真的存在，而且也能被发现？

在剑川县，人们传说这里的石宝山上也有一个神秘的山洞，和巍山、苍山脚下的洞穴一样，存放着南诏、大理国国王们的金瓶。

从南诏时代，剑川县的石宝山就是佛教圣地。早在南诏国创建初期，佛教就被确定为南诏国的国教，包括后来的大理国，也沿袭了这种宗教信仰。从保留下来的一幅国王理佛图中，我们更能看到南诏、大理国信奉佛教的盛大场面。南诏、大理国的国王们曾命工匠在这里开凿石洞，修筑佛像。至今山上依旧保留着很多的佛教造像。

但与其他信奉佛教的地区不一样的是，南诏、大理国的君王们在为神仙打造石像的同时，将自己的石像也置于其中。有时候甚至和他们的家人置放在一起，这就是南诏创始人细奴罗的“全家福”。在石宝山上的佛教雕像中，人们一共找到了三位南诏国的国君。其中一位南诏国君的石像旁，还坐着一位出家的僧人。人们推测，在南诏时期，不仅国王信奉佛教，就连国家大事的决策也会有僧人来参与。

尽管石宝山也远离南诏、大理国的都城所在地苍山，但从国王的雕像可以看出，南诏的国君似乎对这里更加情有独钟，那么国王们将最终的归宿选择在这里也是很有可能的。

在大理地区，人们在以往的考古发掘中，曾发现过大量的火葬墓。这些墓穴中只有一个装着死者骨灰的火葬罐，但随着死者身份的不同，火葬罐的材质也不同。普通百姓也就是一个陶土烧制的罐子，只有在贵族的墓葬中人们才能见到精致的火葬罐。难道在南诏、大理时代，这一带的人们真是像推测的那样，因为信奉佛教而选择了火葬？那么，南诏国有 13 代王，大理国有 22 代王，这 30 多代的王、后、妃等的墓葬，究竟有没有？如果有，他们又在哪里呢？

看来正是因为南诏、大理国的人们信奉佛教，相信人来于尘也归于尘，所以选择了火葬。而那些国王们因为身份显贵，他们的火葬罐应该是用黄金打造的。人们有理由相信，那些传说中的金罐子很可能就是南诏、大理国国王们的火葬罐，而彝族老汉发现的山洞也因为巍山县是南诏的发祥地显得更加可信。

在苍山脚下的工地上，人们依旧在进行着考古发掘。根据记载，1 000多年前，南诏、大理国的都城就建在了这一带。尽管考古工地所在的位置，并不是记载中当年都城的中心地带，但在地下人们还是发现南诏、大理时期留下来的建筑遗迹，证明这里的确有都城建筑存在。这便从考古发现的角度，找到了南诏、大理国存在的证据。

几天以后，黎所长和同事再次来到苍山脚下传说中有山洞的地方。在以前的勘察中黎所长就发现，这里有着两个大平台，地形很像是举行大型祭祀的场所。他推测这两个平台有可能是人工建造的。黎所长从第一阶平台的地上取下了一块泥土，泥土中显现出了一层层不同的土质，显示了人工夯筑的痕迹。

如果这里是南诏、大理国为国王的灵魂举行祭祀的地方，当年人们除了要夯筑起一个平台，平台上还应该有相应的建筑。黎所长来到了第二阶平台，这里的地面上散落着许多瓦砾。

黎所长在泥土里挖出了一块瓦片，经过仔细辨认，他发现瓦片上隐约有些纹路。他把瓦片带回了办公室，又找出了从考古工地带回的瓦片，采取实物对比的方法进行考证。因为人们已经确认考古工地中发现的建筑遗迹就是南诏、大理国留下的，将平台上挖出的瓦片和它放在一起，黎所长看到两块瓦片上的纹路有着同样的特征。这一切显示出瓦片恰好具有那个时代的鲜明特征。

在随后对平台的勘察中，人们发现了南诏的有字瓦，而铺地砖是一尺见方的铺地绿釉砖。由此看来，毫无疑问，大理时期这个地方就有官方建筑。

通过调查，他们发现，南诏、大理国的王陵是存在的，国王的金瓶也是存在的，而苍山脚下那个深藏不露的洞穴比起其他传说中的洞穴更可能是王陵的所在地。等找到那个神秘的洞穴，便会找到一切问题的答案。

**点评**

也许，这些王陵就是一个普通的洞穴，也许洞穴中就只有些国王们的黄金火葬罐。但黎所长和考古队员们依然努力着，因为他们知道，这些资料对人们了解那个存在了500多年古老王朝的神秘历史，有着异常重要的作用。

## 发现腓力二世的安德罗尼科斯

安德罗尼科斯是研究马其顿历史卓有造诣的考古学家，在他的带领下，马其顿王家墓地得以重见天日。这一重大发现是20世纪最伟大的考古发现之一。

公元前359年，腓力二世当上了马其顿国王。腓力二世雄才武略，骁勇善战。他不断向外扩张，先占领爱琴海北岸色雷斯一带，继而南征希腊。公元前338年，腓力二世决定控制整个希腊。为此，他专门设计了一种新阵法，叫“马其顿方阵”，即士兵们列成长达16排的纵队，每个士兵都被用能遮住全身的巨盾和长达50米的长矛武装起来，后排的士兵把他们的长矛放在前排士兵的肩上。这样，前排的士兵就得到好几排向前伸出的长矛的保护，整个方阵行动起来就像一个整体一样。

临出征时，腓力二世任命儿子亚历山大为马其顿军队副统帅。当马其顿军队到达希腊中部喀罗尼亚附近时，遇上了希腊各城邦的联军，就在这里，双方展开了一场大决战。马其顿军队在黎明前排好了方阵，方阵分左右两翼，腓力二世亲自指挥右翼，左翼由亚历山大指挥。决战中，双方相持很久都不分胜负。最后，由亚历山大指挥的左翼军队，率先给当时认为无敌于天下的底比斯人的“神圣部队”以致命打击。这时，腓力二世指挥的右翼军队却遭到了失败。但是联军被一时的胜利冲昏了头脑，搞乱了自己的队伍。腓力二世在亚历山大的帮助下，迅速改变方阵队形，向联军反扑过去。结果联军溃败，腓力二世大获全胜。

第二年，腓力二世在科林斯村宣布自己是希腊军最高统帅，从而确定了马其顿在希腊各城邦中的领导地位。公元前 336 年，腓力二世在参加女儿婚礼时被刺身亡，亚历山大继承王位。后来，亚历山大远征波斯，扩大了马其顿王国的版图。33 岁时，亚历山大因病去世，他的亲信和部下便展开了激烈的夺权斗争，横跨欧亚非三洲的马其顿王国从此分崩离析。

虽然马其顿王国已消失了 2 300 余年，但是一些考古学家却在千方百计地寻找腓力二世的陵墓。19 世纪 60 年代初，有一位法国考古学家在希腊萨隆尼加西南约 65 千米处一个叫维金纳的小村庄附近，发现了一座规模庞大的马其顿王宫，并发掘了其中的一部分。他的发现，证实了维金纳是史书上所称的爱基——古希腊马其顿王国——的都城，而不是以前人们认为的爱德沙。

20 世纪 30 年代，18 岁的马诺利斯·安德罗尼科斯，参加了一支考古队，前去发掘那座宫殿的其余部分。他在维金纳村的中心发现了一座大坟堆，那里虽然蒿草遍野，瓦砾掺杂其间，但比其他墓堆都大。他想，这土堆下面或许埋着些比铁器时代的尸骸更有意义的东西。

20 年后，人到中年的安德罗尼科斯已经是萨隆尼加大学的博士，他壮心不已，重新来到维金纳。在此后的几年中，他搜集到了许多大理石墓碑的碎片。经过研究，他确认这些墓碑碎片的年代很古老，是公元前 4 世纪和公元前 3 世纪的遗物。这个时期是马其顿王国最强盛的时期，腓力二世和亚历山大都是那个时期的风云人物。安德罗尼科斯再次想到了那个大墓，想证明那个大墓的主人到底是何许人。

70年代初，安德罗尼科斯决定正式挖掘维金纳的那个大墓。在经过了35天的挖掘，铲掉了近1.8万立方米的泥土后，一座坟墓的高大正面终于呈现在了发掘者的面前。墓门没有被打开过的痕迹，墓门上的图案是狩猎狮子的场面，这是马其顿王室酷爱的休闲活动。安德罗尼科斯借着手电筒微弱的光亮进入墓内，眼前的景象使他十分惊讶：在这个正方形的墓室里，有一座完整的石椁以及无数闪烁着光芒的珠宝、金器。他兴奋得狂呼："啊，这肯定是一座王陵！"从墓中发现的丰富的陪葬品来看，这是一座未受劫掠的王陵，而陪葬品中的许多青铜器和甲胄，又表明墓主人是一个好勇善斗的尚武之君。他们打开大理石的石椁，在场的每个人都惊呆了。石椁里是一只精美绝伦的金棺，棺盖上镌刻着旭日的图案。安德罗尼科斯惊叫了起来："这是马其顿的王徽！"金棺里面存放着经过火化的骨骸，还有一个用黄金制成的橡树叶（橡树叶是古希腊主神宙斯的象征）和橡子环绕而成的花环。安德罗尼科斯根据出土的陶器和其他物品以及它们的制作工艺，推断出这座坟墓是在公元前340年—公元前310年间封闭的。这一段时间里，在马其顿下葬的君主只有腓力二世一人。但是墓里没有发现任何碑文可以用来证实这是腓力二世的墓。

后来，安德罗尼科斯经过仔细勘察，终于在厚厚的尘土中，又找到了5个只有2.5厘米高的象牙小头像，3个是男性的，2个是女性的。他又令人信服地鉴定出其中2个男性的头像就是腓力二世和亚历山大大帝。安德罗尼科斯大喜过望，在萨隆尼加大学宣布："根据已经找到的考古证据，我相信我有权说，这就是腓力二世的墓。"可是因为没有更多有力的证据，他的观点没有得到普遍的认同。幸运的是，安德罗尼科斯终于在一个远离维金纳的、意想不到的地方，找到了他所需要的证据。英国曼彻斯特大学，有一位叫理查德·尼夫的英国人，他是医学方面的专家。尼夫曾经对3个木乃伊进行过修复工作，为了说明这些木乃伊生前的容貌，他利用石膏模型和黏土，证明了一个人的面貌取决于他的颅骨的结构。只要在颅上附上一点黏土代替肌肉，就可以根据颅骨重现其本来面貌。安德罗尼科斯建议，用金棺中被发现的头颅骨来试一试。1981 年，尼夫前往萨隆尼加，在博物馆找到了那些颅骨，他耐心地把那些碎骨片一一复制成石膏模型。回到曼彻斯特之后，又设法把这些碎片拼合起来。在拼合的过程中，他发现面骨的有些部位严重变形，特别在右眼窝附近。无奈之下，尼夫只得向布里斯托大学解剖系的默斯格雷夫博士求救。默斯格雷夫博士是一位对希腊丧葬火化方面很有研究的专家。他告诉尼夫，虽然火化会使骨骸缩小 10%，但这不可能是这些颅骨变形的原因。尼夫又找来两位整形医生，请他们来看看这些颅骨的拼合是否正确。两位整形医生告诉他，拼合得十分正确。他们还解释了右眼处面骨变形的原因：颅骨的主人，生前右眼附近受过严重的损伤，其伤口只能是由上方射下的物体打击造成。尼夫把这些解释转告了曼彻斯特大学的考古学家普雷格，普雷格立即去查找有关记载腓力二世生平的古代文献。他在一部写于公元 1 世纪的史书中，找到了一段详尽可靠的记载：公元前 354 年，马其顿国王腓力二世在攻打梅素恩城的战斗中，右面颊中箭受伤，被迫挖掉右眼。尼夫现在已不再疑惑了，他的方法是正确的。他开始根据拼合成的头颅骨，重新塑造颅骨主人的容貌。不久，一个独眼君王凶狠可怕的面貌又重新再现了。

塑像起先是一尊石膏像，随后，尼夫又给塑像染上皮肤的颜色，加上胡须，把它制成一尊蜡像。这张重现的面孔与腓力二世的画像、雕像上的相貌惊人地相似。1983 年，普雷格和尼夫带着这尊蜡像和有关照片、幻灯片，前往雅典参加一次国际考古学家的会议。当蜡像最后被置于讲台上时，在座的考古学家们不约而同地鼓起掌来。

这尊蜡塑成的头像，是鉴定一项伟大的考古发现的确切证据。如今，它被收藏于英国曼彻斯特博物馆中。

点评

如果没有马诺利斯·安德罗尼科斯的积极探索，腓力二世也许还会在地下沉睡，人类也很难找到这样鲜明的证据来论证这段历史。他这种不畏艰难、勇于钻研的精神是值得我们学习的。

# 锲而不舍的霍华德

霍华德·卡特是英国著名的考古学家，图坦卡门陵墓的发现者。

霍华德1874年出生在英国，他曾给著名的考古学家纽伯利当助手，帮助纽伯利教授整理从埃及带回来的绘画。他因深厚的艺术功底以及锲而不舍的艺术追求，而深得纽伯利教授的赏识。霍华德18岁时，纽伯利教授把他带到古埃及金字塔下参加古墓的挖掘和临摹壁画等工作，同时，学习埃及的语言和风俗习惯。不久，霍华德成了一位埃及通。埃及神秘的陵墓一个个被人发现，继而又被挖掘出来。可是，霍华德认为，还有一座似乎被人遗忘的图坦卡门陵墓，仍然在沉睡着。图坦卡门陵墓在哪里？这个问题，时时在他的脑海里浮现。霍华德决心探寻它的秘密。在埃及，每一个法老的荣耀和显赫的成绩都有石刻记载，可是在乌克苏的神庙里，却没有留下图坦卡门的铭文。他遍访所有的游牧部落，也没有人能告诉他，尼罗河两岸是否有这个年轻法老的陵墓。10年过去了，探访图坦卡门陵墓一无所获。霍华德没有气馁，他忍受着压力追求着自己的梦想。直到有一天，霍华德遇到一位考古学家——卡门。卡门听完霍华德的叙述，心想这小伙子有锲而不舍的进取精神，他对古埃及历史知识的广博确实令人信服，于是决定和霍华德一起合作。正当他们鼎力合作，着手筹划从何处开始挖掘的时候，第一次世界大战爆发了，他们只能暂停计划。战争结束后，霍华德立即全身心地投入到考古发掘中去，但整整 5 年过去了，一无所获。他经受了一次又一次的考验和磨难，就连充满信心的卡门，也感到失望和悲哀，卡门决定中止考古发掘。霍华德请求卡门再做最后一次尝试，卡门同意了。

霍华德与大批工人先清除了地面上的土石，很快他们发现了公元前 1160 年修筑拉美西斯六世陵墓时民工们住的石棚。接着，霍华德他们又发现了一个通往地下的石阶，而后 12 级台阶全部被清理出来，而且可以看到石阶尽头的那扇大门。他们打开洞门，门内有一条通道，里面堆满了许多建筑材料的碎渣。接着发现了第二个入口，上面刻满了图坦卡门法老的印章。霍华德在严密封闭的入口处凿了个洞，把蜡烛伸进里面，然后用一只眼睛贴近了洞口，向里观看。他隐隐约约地看到包金的战车，饰有巨大镀金狮子和怪兽图案的卧榻，约一人高的国王雕像以及数不清的箱笼和匣子。进入洞口后，他们发现除了上述这些东西以外，还有荷花状的石膏盂、镀金的安乐椅，可就是没有发现装有木乃伊的棺材。这时，有一堵墙引起了他们的注意，因为它的中央部分的颜色与边上的不同，仿佛是一个封闭了的入口。可是目前不能马上打开它，因为现在屋子里塞满了各种东西，必须先将这里腾空。霍华德、卡门开始先清理已经存放 3 000 余年的东西。

屋子腾空之后，他们开始拆除那堵塞住了入口的墙。原来里面是一个巨大的镶嵌了蓝色釉瓷包金的木套。它长 5 米，宽 3.3 米，高 2.75 米，顶盖几乎碰到了天花板。霍华德在套子的一个边缘上找到了一扇门。他小心翼翼地打开门闩，发现里面是一个同样的套子；再打开，里面还有一个。这样由大到小的套子竟有 4 个。当最后一个套子打开之后，出现了一个由水晶做成的棺材，长 2.75 米，高与宽均是 1.50 米。水晶棺角上有一个女神的浮雕像，她那伸张开的手和翅膀包围了水晶棺，仿佛在保卫它的安全。打开 1 吨多重的棺盖，里面是一个用布缠着的东西。霍华德他们把一层层的包布除掉之后，出现了一个金光闪闪的棺材。它的形状不是平整的长方形，而是人体的形状。棺盖上精致地雕刻着极为年轻英俊的图坦卡门法老的脸。

经过细细地观察，霍华德发现这棺材是木质的，外面则包着金叶；棺盖上的脸和手是用块金铸成的；眉毛、眼皮用的是深蓝色的玻璃，眼白用石膏，瞳孔用火山玻璃制成；手中握着镶嵌了蓝色玻璃的金子做成的权杖和鞭子。霍华德他们又打开这个包着金叶和镶嵌着块金的棺盖，里面竟是一个与第一个同样用布包缠着的棺材。除掉缠布以后，里面是长 1.75 米，用块金做的第三个棺材，它的外形和前面两个一模一样。现在，他们终于看到了图坦卡门法老的木乃伊。他由薄薄的布裹缠着，浑身布满了项圈、护身符、戒指、金银手镯以及各种宝石，其中还有两把剑，一把是金的，一把是金柄铁刃的，后一把极为罕见，因为埃及人那时候才刚刚知道用铁。木乃伊的头上戴着一只金面罩，它复现了这位年轻法老的面容。在停棺室的里面，还有一间小屋，那里整整齐齐地放着举行殡葬仪式时使用过的物品：巨大的黑豺像、人俑雕像和神的图画，还有一个装饰华丽的箱子，里面有 4 个器皿，盛放着制作木乃伊时取出的法老的内脏。

霍华德对埃及图坦卡门陵墓的成功发掘，使人们了解到公元前 14 世纪埃及新王国时代法老殡葬的真实情况。世界各地的人们不远万里来到埃及，一睹古埃及这座保存完好的古墓。从这个陵墓里发掘出来的大量珍贵物品，至今还完整地保存在开罗博物馆里。

**点评**

霍华德用自己的努力印证了一个时代，也印证了一段历史。公元前 14 世纪埃及法老殡葬的真实情况，就这样呈现在我们面前。或许，我们还能从这些文物身上了解更多更多的东西。因为，文物本身就是很好的历史。

## 揭开水怪真面目的尼尔·克拉克

尼尔·克拉克博士是英国著名的古生物学家、恐龙研究专家。他对风靡一时的尼斯湖怪兽一事见解独特。

苏格兰的尼斯湖怪兽是全球最著名的传说之一。每年吸引大量的游客前来，希望可以一睹水怪的真面目。

尼尔·克拉克博士经过数年的潜心研究，向科学界宣布，他认为苏格兰尼斯湖怪兽的传说，纯粹是一名马戏团老板的杰作，人们拍到的尼斯湖怪兽照片，只不过是在水中游泳的马戏团大象而已。由于大象在水底下游泳，不明真相的目击者看到的只是露出水面的象鼻或象背，所以以讹传讹，才使尼斯湖中存在怪兽的说法传遍了全世界。

克拉克博士称，尼斯湖怪兽的传说起源于 20 世纪 30 年代，当时，英国一家马戏团老板伯特拉姆·米尔斯看到他的马戏团中的大象在尼斯湖中游泳洗澡后，立即意识到新近风传的“尼斯湖怪兽”只不过是马戏团中的大象而已。

然而，米尔斯并没有向世人揭开“尼斯湖怪兽”的秘密，而是灵机一动想到了一个宣传马戏团的妙招。他发出悬赏令，宣布任何为他的马戏团捉到一只尼斯湖怪兽的人，都可以获得2万英镑的奖赏。尼斯湖怪兽和米尔斯的马戏团因此立即获得了全世界的关注。

克拉克说：“我们知道的尼斯湖怪兽，都来源于目击者叙述、模糊的照片、遥远的录像和一些被证实弄虚作假的恶作剧。大多数目击者眼中的‘怪兽’其实只是一截漂浮的圆木或波浪而已，但还有一些目击记录无法得到解释，因为的确有人看到湖中出现了长脖子、圆后背的生物。我的研究显示，这些‘不明生物’其实都是马戏团的大象。当时很多马戏团经常到因弗内斯市演出，他们会在尼斯湖岸边停留一会儿，好让他们的动物休憩一下。”

据克拉克称，马戏团主人会让大象到湖中游泳，但由于体重原因，当大象游泳时，几乎整个身体都没在水底下，只露出象鼻和后背。英国“尼斯湖2000”计划负责人夏恩也说：“这是一个非常有趣的理论，如果一头大象在尼斯湖中游泳，它的确会很像人们在照片中拍到的尼斯湖怪兽。”

马戏团老板伯特拉姆·米尔斯去世后，尼斯湖怪兽的传说更加盛行，尼斯湖也成了全世界游客的旅游热点之一。如果所谓的怪兽真的是正在游泳的大象，那么，就是伯特拉姆·米尔斯为了自己的私利，愚弄了全世界。

### 点评

尼尔·克拉克的推断告诉我们，科学的发展总要经历一个去伪存真的过程，假的就是假的，它也许能暂时迷惑住我们，但是，总有一天，真相终会大白于天下。

# 发现冰冻少女的莱因哈德

莱因哈德是著名的人类学家，曾在亚利桑那大学获得人类学学士学位，后在奥地利的维也纳大学攻读人类学博士学位。

莱因哈德除了担任国家地理学会的驻会探险家之外，还在西维琴尼亚州的高山研究机构担任资深研究员，在芝加哥的国立历史博物馆担任副研究员，在秘鲁阿雷奇帕的天主教大学担任荣誉教授。

莱因哈德生于伊利诺斯州的久利特，从1980年起莱因哈德就开始在秘鲁、玻利维亚、智利、阿根廷和厄瓜多尔等地，进行人类学实地研究。他的调查让他能够发展新的理论，以解释前西班牙时期的种种谜团。

20世纪中期，约翰·莱因哈德与米盖尔·扎瑞特登上被火山灰覆盖的安姆帕托山脊。那时安姆帕托附近的奈瓦多火山正在喷发，山顶涌出的火山灰高达1英里（1英里＝1.609 344千米），纷纷扬扬地落在安姆帕托的山脊上。在他们登上此山的两年前，米盖尔的哥哥卡罗司曾登上安姆帕托，在他的报告里显示，安姆帕托山顶山脊处沉积着厚厚的冰层，足有30英尺（1英尺＝0.304 8米）宽。而现在，这些冰层的宽度还不到3英尺。深色的火山灰极易吸收太阳的光热，于是冰层和积雪大量融化，导致山脊坍塌。

约翰·莱因哈德停下来做笔记。忽然，他听到走在前面的米盖尔发出一声轻哨，抬起头，他看见米盖尔抡起的冰斧停滞在半空中。约翰赶过去，在米盖尔手指的方向，一簇扇形的红色小翎毛，夹在附近山坡的岩石中，那是印加祭祀典礼中常见的一种小雕像上的头饰。两个人兴奋起来，米盖尔将绳索系在腰间，攀过歪斜的陡坡，小心翼翼地拔出羽毛头饰的小雕像，一个，两个。这是一流的印加小雕像，用金、银和珍稀的贝壳雕成。掩埋的方向面朝安姆帕托山顶，裹在外面的五彩服饰看起来像新的一样，那些吸引约翰和米盖尔的羽毛也十分完整，显而易见，这两个小雕像才露出地面不久。

约翰和米盖尔继续前行，快抵达峰顶的时候，一块被冰覆盖的岩石吸引了他们的视线：那里有一个布包裹，看起来像是个木乃伊。“也可能是被丢弃的登山背包。”米盖尔说。他们攀过岩石堆，看清楚了，裹得紧紧的布包裹的的确确是一具印加木乃伊。

约翰和米盖尔简直要雀跃了。15 年来，约翰登上过 100 多座安第斯山峰，完成了各种高海拔的考古发掘工作，但这样的木乃伊还是第一次见到。一些织物的碎片零落地散布在木乃伊周围，在附近的冰面上，他们又发现了一个用贝壳雕成的女性小雕像、骆驼骨、陶器碎片和两个装有谷壳和玉米穗的布袋。米盖尔则用冰斧凿开冰层，将冻在岩石上的木乃伊取下来。这下，他们看清了她的面目，那是一张印加女孩的脸。

考古学家在安第斯山区仅发现过几具冰冻木乃伊，而且其中没有一具是女性。这个女孩，年龄估计有十几岁，可以猜测得到，她是作为祭祀仪式上的祭品，被掩埋在安姆帕托山顶。在这座印加的神山上，印加人用最珍贵的东西——生命——作为祭品，祈求山神赐予生命之水，令谷牧丰收。这位印加少女应该就是一次印加祭礼中的祭品。她安眠在陶土的墓穴中，没有任何挣扎、勒杀、殴打的痕迹，或许她在被埋入之前就已经死去。墓穴中，陪伴她的还有精致的小雕像、古柯叶和谷物。由于近年来的山脊崩塌，冰层和岩石顺着山坡下滑，将她从墓穴中捎带出来。由于山脊崩塌时受到冲击，木乃伊最外面的一层织物已经被扯散，裹在里面的贝壳雕像和其他随葬品跌了出来，散落在周围的山坡上。女孩的面部已经风干了，约翰和米盖尔试着将她搬起来，但她足有 80 磅重，显然，她身体的大部分还未解冻。

约翰和米盖尔进退两难。如果把木乃伊留在安姆帕托山顶，火山灰吸收的太阳光热会毁了她。同时，她裸露在外，很难说不会遭遇盗墓者的劫掠。更重要的是，此时正是一年中季节转换的时期，暴风雪不知什么时候就会淹没山峰。看来别无选择，只有带她走，并且尽可能地将随葬的古器物一同带下山。经过上百英里的跋涉，马不停蹄地奔波了64个小时，他们终于抵达约翰在秘鲁的研究基地——位于阿瑞奎帕的天主教大学考古系。约翰找来生物系主任乔斯·卡瓦兹检查木乃伊的解冻情况。“我们把她放进冷藏室的时候，裹在外边的织物仍旧有冰。”乔斯说，约翰长长地松了一口气。“这是个世界性的重大发现，她是迄今发现的冰冻木乃伊中保存最完好的。”奥地利著名的提洛尔冰冻木乃伊研究组的负责人康纳德·斯皮德检查完木乃伊做出结论。以前，在安第斯山脉的其他山峰也曾发现过印加祭祀的木乃伊，但没有一个如此靠近库斯科——印加王国的中心。安姆帕托木乃伊，科学家给她起名胡安妮塔，是第一个女性冰冻木乃伊，她的身体也是在美洲发现的木乃伊中最完好的。

印加民族于1450年来到这个地区，而西班牙在1532年征服了他们，因此可以推测，胡安妮塔大约死于500年前。胡安妮塔的身体组织和器官完好无缺，并且是自然风干，她冰冻的身体就像是一个生物学资料库。接下去的研究可以揭示她的死亡原因和过程。通过她的DNA可分析出她来自何方，属于哪个部族。而她胃里的残存物，为科学家研究古印加的食物结构提供了咨询。在胡安妮塔身边发现的羽毛编织袋里，科学家发现了500年前的供品——古柯叶，与现在的古柯植物没有什么不同，但利用先进的生物化学分析技术，科学家试图确定这些植物最初的发源地。

胡安妮塔的外衣引起了纺织考古专家的兴趣，每一件织物都图案精美、色彩绚丽。来自华盛顿国家艺术馆的威廉·康克林，是史前美洲纺织品的专家，他看到胡安妮塔亮丽的红白条纹披肩时，称其为世界上最精美的印加织物。胡安妮塔的着装与14世纪的西班牙人潘多·雷恩在其书中的描述相吻合：她的衣饰是当时库斯科贵族妇女中最风行、最华丽的，毫无疑问，这将成为今后描述印加贵族妇女衣饰的范例。不过，也许因为印加人相信，女孩在死后仍然会长大成熟，所以为她准备了一些比她大的不相称的衣饰。

保存冰冻木乃伊是十分复杂的，而且没有规范的先例标准。从理论上来说，冰冻木乃伊的身体和其外部的织物，应该贮藏在比较潮湿的环境，而头部贮存湿度相应较小。经过讨论研究，来自几个国家的专家们达成一致：将冷藏温度保持在华氏 0～7 度（1 华氏度＝32＋摄氏度×1.8），湿度保持在 80%。将衣物与身体分离保存也非常必要，科学家们着手褪下女孩的衣物，这是一项精细而又紧张的工作，剥离织物要小心翼翼，既不能扯坏衣物，也不能损伤女孩的皮肤。而为防止木乃伊融化，科学家必须控制其离开冷藏室的时间。

分离织物的过程中，科学家又有新的发现。女孩的辫子被一根黑色的细驼毛线系在腰带上，由此可以推断她死前或死后，有人为她精心装扮。她是联系族人与山神的使者，人们对她充满了敬重。她的衣服，都用精致的别针别住，上面用细线吊着各种小木刻：盒子、酒器、类似狗和狐狸的器物。最令科学家震撼的是，女孩的右手紧紧地攥住自己的衣角，这是紧张、痛苦，还是决心呢?

胡安妮塔身上还有许多未解之谜，进一步的研究还需要更多科学家的参与，不仅是考古学家、人类学家，对她的研究还涉及病理学、微生物学、寄生虫学、生化学、妇科医学、冶金、植物学、陶瓷考古、纺织考古，甚至还需要鸟类学专家来鉴别她的羽毛头饰。

约翰·莱恩哈德，这位高山考古学家在秘鲁的安姆帕托山脉上，找到的这具古印加女孩冰冻的木乃伊，被《时代》杂志选为当年最重要的十大科学发现之一。

**点评**

考古的每一次发现，不仅需要考古学家专业的鉴别能力，更需要考古学家本身的坚持到底的毅力和不怕牺牲的勇气。有了毅力加勇气，就没有什么不能被打败。

# 神秘死亡的汤姆·罗伊

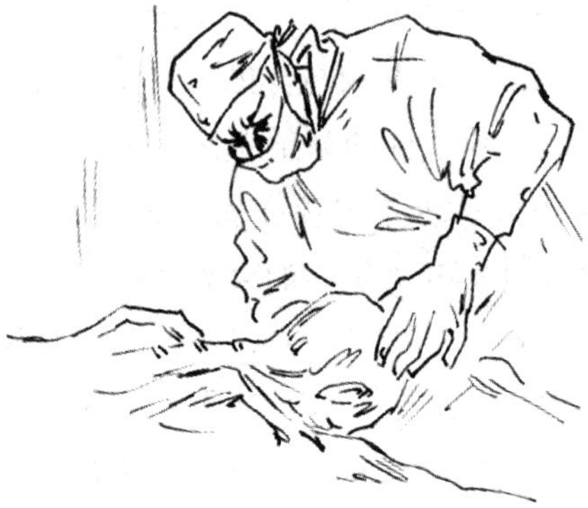

汤姆·罗伊出生于加利福尼亚，是昆士兰大学分子生物科学院考古科学实验室的负责人。

罗伊有长达12年的血液病史，他的弟弟加瑞斯说，在罗伊开始对“冰人奥茨”进行分析不久，就诊断出他患有这种疾病。

汤姆·罗伊曾在“冰人奥茨”的衣服上发现了四种不同血型的人类血迹。他据此认为“冰人奥茨”是在一场与一个甚至多个攻击者的战斗中被杀害的。他的这一研究曾被拍摄成过探索频道的纪录片。他分析说：“我认为奥茨用同一支箭射中了两个人。同时可以发现他曾经与至少一个人发生过近身肉搏，并最终死于背部的箭伤。”他的这一理论对以往所认为的“冰人奥茨”是死于一次山中狩猎的意外事故理论提出了挑战。

罗伊63岁时死在布里斯班的家中，人们是在他死后数天后才发现他的。当时他正在进行关于“冰人奥茨”木乃伊研究。

随着罗伊的去世，与“冰人奥茨”有关的死亡人数上升至七人，于是一个冰人诅咒的说法开始散布开来。离奇的死亡最早发生在20世纪90年代初，第一个死去的是法医古恩特·亨恩。他曾直接用手将这具木乃伊从雪中抬了出来。这事发生一年后，亨恩在去参加一次会议准备公布自己的“一些惊人的发现”的路上，因头部受撞击而死。第二个死去的是当时登山的向导科特·弗里滋，当时正是他挖开了冰层，使木乃伊的脸重见天日的。弗里滋是一组登山队员中唯一一个在他非常熟悉的山崖上遭遇雪崩而亡的人。第三个死去的是瑞勒·霍艾热尔。他死于脑瘤。他是唯一一名被允许将木乃伊从冰雪中移出的过程拍成电视纪录片的人。与奥茨相同的命运也降落在了梅尔马特·西蒙身上，在奥茨被发现的13年后，西蒙的遗体被发现困在了冰里，就像当时他自己发现奥茨时那样。而参与奥茨冰冻遗体发现的救援小组组长戴尔特·沃内克在参加完西蒙葬礼几小时后也死于心脏病。英斯布鲁克大学的历史学家、奥茨调查小组负责人孔瑞德·斯宾德勒死于多发性硬化并发症。

据罗伊在昆士兰大学的同事说，他也不相信所谓的诅咒，他的家人也证实说验尸报告排除了任何可疑的状况。据报告称，他的弟弟曾说过：“我们得知他是因自然原因、意外或是两者综合原因而死亡的。”

点评

这一切究竟是奥茨的诅咒，还是偶然的巧合，现在还没有人能回答。但是，所谓的诅咒应该是站不住脚的，这一谜团仍需要科学家的探索和研究。

# 发现“死亡之丘”的拉·杰·班纳吉

拉·杰·班纳吉，印度著名考古学家，摩亨佐达罗遗址的发现者。20世纪20年代，印度考古学家拉·杰·班纳吉等人发现了摩亨佐达罗遗址，这一发现不仅将一个不为人所知的古代世界展现在我们的面前，还使古印度文明向前推进了近10个世纪。

摩亨佐达罗意为“死亡之丘”，位于巴基斯坦信德省拉尔卡纳县城南20千米处。城址占地约8平方千米，由宽7.6米的大街分成东、西两大区。西区是城堡区，东区为居民区。城堡区设在东西长200米、南北宽380米、高15米的人造平台上，四周围以城墙，城墙上有数处瞭望楼。城墙内有大浴室、粮仓、带走廊的庭院、有柱子的大厅等。南、北两面有阶梯可下至浴池。全部用烧砖砌成，有排水设备，接缝极其精细、严密。东面的居民区布局整齐，城内有完善的卫生设施，各家的排水沟通向大街下的下水道。除住宅外，还有店铺、制陶、贝壳加工等作坊的工商业区。

此城具有相当明确的建设规划，布局科学、合理，而且已经具备现代城市的某些特征。

拉·杰·班纳吉等考古学家从遗址中发掘出大量精美的陶器、青铜像以及各种印章、铜板等，还发现 2 000 多件有文字的遗物。他们还在古城发现了许多人体骨架，从其摆放姿势来看，有人正沿街散步，有人正在家休息。灾难是突然降临的，几乎在同一时刻，全城四五万人全部死于来历不明的横祸，一座繁华发达的城市顷刻之间消亡了。

对于“死亡之丘”毁灭的原因，科学家们从不同的角度做了种种推测。

有些学者从地质学和生态学的角度进行了解释，认为“死丘事件”可能是由于远古印度河床的改道、河水的泛滥、地震以及由此而引起的水灾，特大的洪水把位于河中央岛上的古城摧毁了，城内居民同时被洪水淹死了。可是，如果真的是因为特大洪水的袭击，城内居民的尸体就会随着洪水漂流远去，城内不会保存如此大量的骷髅。考古学家在古城废墟里也没有发现遭受特大洪水袭击的任何证据。

摩亨佐达罗毁于外星“宇宙飞船”，英国学者捷文鲍尔特和意大利学者钦吉推测。3 500 万年前，一艘外星人乘坐的核动力飞船在印度上空游弋时，可能意外地发生了某种故障而引起爆炸，以至造成巨大灾难。

有些学者猜测，可能是由于远古发生过一次急性传染疾病而造成全城居民的死亡。然而这一说法也有其漏洞，因为无论怎样严重的传染病，也不可能使全城的人几乎在同一天同一时刻全部死亡。从废墟骷髅的分布情况看，当时有些人似乎正在街上散步或在房屋里干活，并非患有疾病。

有人认为是外族人大规模进攻，得胜后进行了屠城。也有人设想是由于城市内部发生剧烈的变革和斗争的结果，但是这种设想似乎缺少令人信服的科学证据。

科学家在城中发现了明显的爆炸留下的痕迹，爆炸中心的建筑物全部夷为平地，且破坏程度由近及远逐渐减弱，只有最边远的建筑物得以幸存。于是，考古学家认为，大气中电磁场和宇宙射线的双重作用导致了巨大的爆炸，空气中非常活跃的化学微粒，导致气溶胶的产生，并迅速积聚占据了广阔的空间，形成大小不等的球体。大气中形成的大小不等的黑色或白色球体，能产生剧毒物质，使空气迅速毒化。摩亨佐达罗的居民，大概是受到有毒空气的折腾后，紧接着又经历了剧烈的爆炸，使他们连同他们创造的文明一起走向消亡的。

拉·杰·班纳吉等人的发现不仅给我们带来了一个难解之谜，这一发现的重大意义还在于，在很长一段时间中，人们将古印度文明限定于公元前1700年—前1500年之后，也就是雅利安人在恒河流域建立文明之时。然而，这一项意外的考古发现，将这一文明至少向前追溯了近10个世纪。



**点评**

可以说，拉·杰·班纳吉等人的意外发现，为研究古印度历史揭开了新的一页。

# 解读马萨达的伊果亚丁

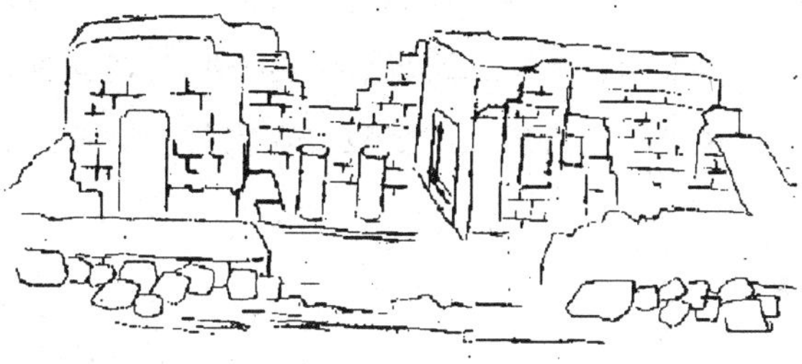

伊果亚丁，耶路撒冷希伯来大学教授，著名考古学家，马萨达遗址的主要挖掘者。

马萨达是以色列古代犹太国的象征，是犹太人的圣地，位于犹地亚沙漠与死海谷底交界处的一座岩石山顶。其东侧悬崖高约 450 米，从山顶直下死海之滨；西侧悬崖高约 100 米。山顶平整，呈菱形，南北长约 600 米，东西宽约 300 米，周围城墙长约 1 400 米。通向马萨达的自然道路都极为险峻，最主要的是东侧的“蛇行路”。

马萨达是一片废墟城堡，威严肃穆地挺立在犹地亚沙漠中，面向死海。马萨达是以色列古代王国的象征，使马萨达扬名的并不是建在高山上的城堡，而是犹太人用坚毅与勇气写成的惨烈历史。

公元 70 年，罗马人占领了耶路撒冷，对犹太人大肆杀戮，幸存下来的犹太人纷纷携带家眷，投奔马萨达。当年希律王修建的马萨达城堡，固若金汤，易守难攻。库里有满仓的粮食，天上的降水被城堡里精密的渠道收集起来，后备充足。尽管是最后的孤城，但没有什么能够动摇犹太人勇敢的心。罗马人围攻了整整三年，毫无办法之后选择了最笨的方法。在山旁堆一座与山同高的土堆，再堆一个巨大的斜坡到城堡的围墙下。罗马人又派重兵切断水源，终于使坚守三年的要塞被攻陷。城将被攻破的前夕，马萨达全城的男女老少，为避免落入敌手，全体自杀了。罗马人经过三年殚精竭虑而攻下的，不过是一座死城和近千具死骸。从此，犹太人的足迹从迦南之地上消失，他们以这样的惨烈上演了自己的最后一幕。

希律王山顶宫殿如今只剩下断壁残垣，但是，经过伊果亚丁等人的努力，被黄沙淹没的三分之二城堡都被发掘出来，拱门、望塔、浴场等装饰着马赛克的宫殿。古堡内遗留有犹太希律王宫殿城堡，还有古罗马浴池和蒸气室、储水库、墓碑、剧场、拜占庭时代基督教堂，以及犹太教徒祈祷经典残卷等，都有极大的宗教、建筑艺术之考古价值。

**点评**

伊果亚丁的考古发现，让我们重温了那段惨烈的历史，也使马萨达的考古史掀开了新的篇章。

# 解密所罗门宝藏之谜的拉尔夫

拉尔夫·伊利斯，埃及著名考古学家，对神学、埃及学、犹太学、考古学、语言学和天文学知识都很精通。他在专著《所罗门，示巴女王之鹰》中，对传说的所罗门宝藏进行了全新的诠释，使所罗门宝藏从历史真正走入了现实。

耶路撒冷是一座举世闻名的圣城，它是世界上唯一被犹太教徒、伊斯兰教徒和基督教徒共同尊奉为圣地的城市。大约在公元前1000年左右，犹太人的首领攻占了这座城市，并把它作为自己的首都，建立了统一的犹太王国，汉语译为“耶路撒冷”。“耶路”是“城市”的意思，“撒冷”是“和平”的意思，合起来也就是“和平之城”。阿拉伯人则习惯把耶路撒冷叫作“古德斯”，也就是“圣城”的意思。把耶路撒冷建成一座名副其实的都城的人，就是所罗门王。所罗门极为富有，据说，所罗门每年仅从各个属国就能征收相当于666塔兰黄金（1塔兰相当于150公斤）的贡品。所罗门将他搜刮的金银财宝都存放在圣殿里，这就是历代相传的“所罗门宝藏”。

所罗门王以智慧和公正闻名于世，他那具有传奇性的“所罗门宝藏”更让人津津乐道。但是，据拉尔夫研究，传说中以智慧和公平著称的所罗门王，竟然是埃及法老，那些宝藏很有可能来自于盗墓者。

当时，古埃及王国分成上、下两部分。当时的法老定都在下埃及，在塞桑克一世执政时期，发生了一系列严重的盗墓案。上埃及历代法老的墓地——国王谷，有10个前朝王陵被盗挖，尸体身上的金箔、手里的珠宝、墓中的随葬品，甚至连石棺都不翼而飞。

现代考古学发现，那时有几十个法老墓被洗劫一空。奇怪的是，盗墓者们不仅绕过了塞桑克一世的两位直系祖先陵墓，还有一些赃物居然在这位法老的陵墓中冒了出来，这究竟是巧合还是下埃及法老导演了那些盗墓行为？从各种迹象看来，后者的可能性较大。拉尔夫遍访各大洲的考古现场，查阅了大量历史文献得出了自己自成体系的独特结论。他认为，如果把所罗门王和埃及法老看成一个人，确切地说，是古埃及和犹太联合王国的国王，那么，关于所罗门王如何强大、富裕的传说，就由神话变成了真实的历史。

而“所罗门宝藏”里的金银财宝，就像上面提到的那样，可能都来自于盗墓。盗来的金银财宝，很快被挥霍殆尽，残余的一些也被后来的侵略者抢走。宝藏就跟它的拥有者一样，消失在历史的长河中。

拉尔夫·伊利斯以大量的事实，为我们解密“所罗门宝藏”之谜，揭开了古代传说背后的故事。一个英明睿智的国王，一个贪婪无比的法老，竟奇妙地成为一个人，而传说中的所罗门宝藏，终于找到了属于自己的归宿。

**点评**

拉尔夫·伊利斯凭借细心的考证、无比的勇气，还原了历史的真相。他的观点让人耳目一新，也让人深深回味。

# 传奇考古学家海因里希·施里曼

海因里希·施里曼是19世纪德国考古学家，经过他的努力，荷马史诗中的特洛伊、迈锡尼和梯林斯得以重见天日。

海因里希·施里曼出生在德国一个普通的家庭，自幼家境贫寒，14岁时便辍学在杂货铺当学徒工。施里曼自幼喜欢荷马史诗，向往铁马金戈的特洛伊疆场，决心有朝一日寻找出化为废墟的特洛伊故城。

19世纪80年代，施里曼由妻子陪同，出资雇工，在达达尼尔海峡附近土耳其境内的希沙里克山丘开始考古发掘。3年的时间里，他们发现了多层城墙遗址，并终于在一座地下古建筑物的围墙附近掘出了大量珍贵的金银制作器皿。施里曼兴奋地宣布，他发现了特洛伊国王普里阿姆的宝藏。

不久，施里曼又在希腊的伯罗奔尼撒半岛迈锡尼遗址的狮子门内侧展开发掘工作，共计发现了6座竖井墓的墓葬圈，墓内有无数精美的器物。墓葬内男尸脸罩金面具，胸覆金片；女尸佩戴金冠和其他金制首饰；童尸裹于金叶片内，珠光宝气，遍地黄金。

接着，施里曼在史诗所说的“大城墙的梯林斯”遗址，发现了位于坚固雄伟的城堡内的宫殿残迹。它的正厅、门廊、庭院和整个轮廓与荷马史诗中描述的奥德修斯等人的王宫非常相似。在特洛伊一共挖出了9层遗址，所谓“普里阿姆宝藏”存在于从底层往上数的第2层。施里曼的助手窦普菲德认为第6层才是爆发特洛伊战争的普里阿姆的城市，而施里曼发现宝藏的第2层年代则要久远得多。

施里曼的发现激发了后人的勇气。20世纪初，英国学者伊文思在克诺索斯进行考古发掘，发现了克米特宫殿，从而使一个迥然不同于古典希腊文化的、自成一体地独立发展达2 000年之久的文化，在长埋地下约3000年之后重见天日。

荷马史诗中还有位老英雄，名叫涅斯托耳，他德高望重，参加过多次战争，特洛伊战后安返家乡，并在他的宫廷接待了奥德修斯之子帖雷马科。这个远古时代的派罗斯王宫究竟在何处？

20世纪30年代末，英国学者布勒根在伯罗奔尼撒半岛西南部美塞尼亚地区的阿诺安格利亚诺斯发掘出了一座宫殿遗址，可与迈锡尼、梯林斯的王宫相媲美，同时还发现了600多块线形文字B的泥版。现在，学术界已公认阿诺安格利亚诺斯遗址就是涅斯托耳王宫的所在。

在施里曼之前，人们一直把特洛伊、迈锡尼和梯林斯当作荷马史诗中虚构的地方，可是，施里曼把这些虚构变成了真实。他的大胆挖掘，激发了后人的探索精神，在施里曼和后辈考古学界的努力下，这些古迹终于重见天日。

**点评**

海因里希·施里曼，这个传奇的考古学家，以敢于怀疑、大胆求证延续了自己的传奇。

# 考古之谜

## 旷世圣物之谜

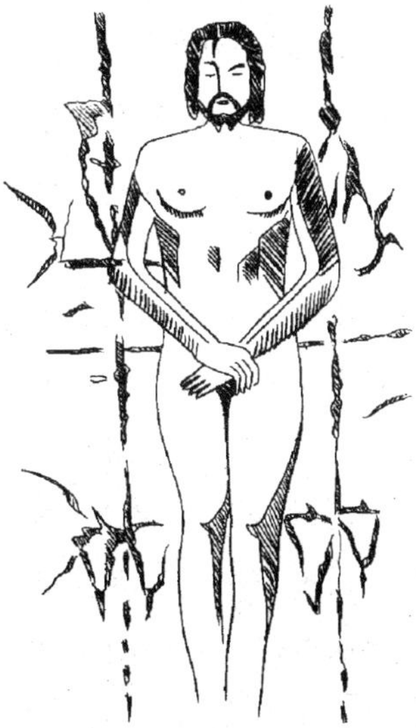

在意大利西北部的城市都灵，从公元 16 世纪起就有一件镇市之宝保存在约翰大教堂附属的小礼拜堂里，世代承受着基督教虔诚者的顶礼膜拜和由衷赞叹，被认为是不可思议的奇迹和基督教珍贵的圣物，这就是著名的“都灵裹尸布”，又称作“耶稣的裹尸布”。

“都灵裹尸布”长 4.2 米，宽 1 米，为亚麻质地，稍微隔开一定距离，就可以清晰地在上面看到一个人的正面与背面的影像。影像身高1.8米，长发垂肩，双手交叉放置于腹部，在头部、手部、肋部与脚部有清晰的红色血渍状色块，正与圣经上所记载的耶稣钉死时的状态相同。这块布因是"耶稣的裹尸布"而成为旷世圣物，受人顶礼膜拜，但是却遭到了科学家的质疑。

1988年，英国牛津、瑞士苏黎世和美国亚利桑那州的三家著名实验室得出结论，"都灵裹尸布"不过是中世纪骗人的东西，因为它出现的时间大约介于公元1260年到1390年之间，并非耶稣的裹尸布。

但是，后来的科学实验又推翻了上述结论。在使用"微化学法"重新对裹尸布进行了取样分析后，又有了惊人发现：在1988年的实验中，三家实验室的化验样品只不过是"都灵裹尸布"的一块补丁，而新的鉴定认为，主体部分要比这块补丁早得多。

然而，有关"裹尸布"的争论并没有因此终结，有科学家指出，上述三家实验室在采用"碳－14断定法"时出现较大误差。问题不是出自断定法本身，而是在于裹尸布，裹尸布上的细菌及真菌——那些有接近百年历史的细菌及真菌——所制造出来的单糖和多糖使断定法低估了裹尸布的历史。

美国洛斯阿拉莫斯国家实验室的化学家雷蒙德·罗杰斯说："似乎是不可能的事发生了，研究人员在1988年从裹尸布取化验样品的地方刚好是块重新织上去的补丁，但这块补丁制作得非常仔细，使用的纱线染过后，和裹尸布其他部分的纱线几乎完全一样，颜色非常接近。"此间，有学者分析，研究人员在裹尸布上发现补丁并没有什么奇怪的，因为它自14世纪50年代中后期首次现身法国以来，多次遭遇火灾，但依然保存下来。其中一次火灾发生在16世纪的一座教堂里，裹尸布遭到严重损坏，修女们对被火烧出来的洞进行了缝补，将裹尸布缝到了一块亚麻布上，主要是防止它进一步破损。

研究人员的"放射性碳样本"与"都灵裹尸布"主体部分相比具有完全不同的化学特性，主体部分有更久远的历史。罗杰斯在他的研究中，对在"都灵裹尸布"找到的放射性碳样本以及其他地方取下的样本进行了分析和比较后说："作为'都灵裹尸布'研究计划的一部分，我在1988年从裹尸布的各个区域收集了32个样本，包括从一些补丁和亚麻布上取的样本，我还找到了用于放射性碳鉴定的可靠样本。"

罗杰斯指出，这个放射性碳样本和裹尸布主要部分上取的样本相比具有完全不同的化学特性。他解释说："放射性碳样本被染料染过，有棉花的成分，而裹尸布的主要部分则是由纯亚麻织成。补丁部分之所以被染，可能是为了和年代更早的裹尸布的黑色相匹配。微化学检测实验最终显示，在放射性碳样本和漂白亚麻布里含有香兰素，但是，'都灵裹尸布'里并没有这种物质。"

木质素是植物纤维例如亚麻等的一种化学化合物，木质素经过热分解生成香兰素。随着时间的推移，香兰素在布料里的含量会越来越少，最后完全消失。科学家最先是在中世纪的亚麻制品里发现香兰素的，但是更加古老的物品，例如"死海卷轴"的包装纸等里并不含有这种物质。

经过梵蒂冈教廷的批准，三家独立的科研机构——英国牛津大学、美国亚利桑那大学和瑞士联邦技术研究所——分别对裹尸布采样进行了碳放射年代鉴定，各自得出的结果完全一致：这块布不是耶稣时代的织物，而是中世纪约1260年—1390年之间的产品，正与前文所述裹尸布的第一次现世的时间相吻合。

皮之不存，毛将焉附，既然布是到中世纪才做出来的东西，当然就绝无可能包裹过耶稣的圣体，上面的形象也肯定不会是公元29年就已经"升天"的耶稣基督。综观化学成分和年代鉴定这两大证据，以及其他旁证，笼罩着"都灵裹尸布"的谜团和阴影至此已经基本驱散，科学家认为，这确实是不折不扣的中世纪赝品。

**点评**

在科学与实证面前，一切假的东西终会露出自己的真面目。这或许才是"都灵裹尸布"留给人类的最大财富。

# 古墓壁画惊现神秘相拥男子

20世纪60年代中期，埃及考古学者在著名的阶梯金字塔附近发现了一处古埃及墓葬。墓室墙壁上的一幅壁画，引起了考古学家的注意。

这幅壁画是刻在石头上的浮雕，描述了两个相互拥抱着的男子。在两个男子的上方刻着他们的名字：尼安克克努姆（Niankhkhnum）和克努姆霍特普（Khnumhotep）。虽然他们不是贵族，但却曾是当时宫中极受尊敬的法老首席御用指甲装饰师。据考古学家推测，他们生活在公元前2380年到公元前2320年之间，即古老王国第5王朝期间。当时侍奉法老被认为是一项非常荣耀的工作。而且，在古埃及墓葬中常见的是一个功勋卓著的人与自己的妻子、孩子共用一个墓穴，绝少有两个男子以平等的身份共用一个墓穴的。此外，画中的两男子动作也显得非常亲密。他们握着手，正在行古埃及常用的吻鼻礼。

纽约大学的埃及古物学家戴维·奥科尼尔认为，在古埃及法老眼中，连体婴儿、侏儒、双头婴等的出现显示了造物主的神奇能力，因此应是吉兆而非异象。考古学家曾发现过描述侏儒侍奉法老穿衣的壁画。法老认为让这些由神创造出的奇特的人来侍奉自己，是显示自己与神相通的表现。因此，奥科尼尔认为这两个相互拥抱的男子实际上一对连体双胞胎。正是由于两人有这样的身体特征才使得壁画中反复出现二人的拥抱动作。目前，有多数专家倾向于接受奥科尼尔的观点，他们认为古埃及艺术并非总是写实的，两名男子的相互拥抱很可能是暗示他们相互连接的身体特征的。

宾夕法尼亚州立大学的埃及古物学家戴维·西尔维曼在奥科尼尔博士观点的基础上指出，两名男子的名字中的“Khnum”一词与古埃及的“Khenem”很相似，而“Khenem”是“联合”与“被联合”的意思。因此，他认为壁画上所描绘的是古埃及的一对双胞胎兄弟。

### 点评

现在，人们仍没有掌握他们具有相互连接的身体特征的确凿证据，因此，不能肯定地说他们就是双胞胎兄弟。不过，考古学家们那种求真务实的精神值得我们学习。

# 玛雅遗址惊现大屠杀遗骸

玛雅文明的突然消亡一直都是美洲考古学上一个永久的谜团。有科学家提出，玛雅遗址发现的遗骸有可能是大屠杀的后果。

考古学家和法医学专家在位于危地马拉的一处古代玛雅城市——康库因——遗址上进行探索，探索中他们发现在一个祭祀池中以及其他一些地方至少有 50 具骨骸。这是一场战争中的受害者和他们被肢解的遗骸，同时，这场战争也摧毁了这座城市，而这似乎也正是玛雅文明全盛时期走向崩溃的开始。

大约在公元 800 年，占领者有预谋地毁掉了宫殿和纪念碑，围捕了康库因城的国王和王后，朝廷成员，城里的男人、女人和儿童，对他们进行大规模屠杀，且大多数是用长矛刺死或用斧头砍断脖子或头颅。然后，将大部分残缺不全的尸体扔到了宫殿的池塘里或是埋在了很浅的掩埋坑中。范德比尔特大学的考古学家亚瑟·A. 德玛瑞斯特说："在这场残忍而血腥的屠杀之后，事情并没像人们在全盛时期的玛雅遗址所发现的那样发展。康库因城被彻底地遗弃了，就像帕斯容河下游的许多其他的城市一样。"

最初发现这些杂乱骨骸的是两位危地马拉的考古学家。而后，在获得了国家地理协会授权之后，研究者才得以继续进行法医学研究。其研究内容包括对遗骸的 DNA 测试，以证实是否大多数受害者都如考古学家怀疑的那样是一个庞大的皇族家庭成员。

发掘出遗骸的池塘是一个用泉水灌注的池子，周围有用石头围砌的墙，面积为90平方码（72.9平方米），它是整个宫殿建筑群中渠道网络的一部分。考古学家猜测它应该是循环水系中神圣的部分。目前，调查者已经得出结论，从池塘的淤泥中所发掘的遗骸至少是分属31个人的。国王和王后的遗骸是在72米以外的浅埋坑中被发现的。同时在皇宫北边还发掘出了几十具其他骨骸，其中有一些是被肢解了的。

德玛瑞斯特博士推测占领者杀死了城市里的精英并将他们残损的尸体扔在举办仪式用的水中。同时，他还注意到另一奇怪之处，那就是入侵者似乎对被他们杀害的人表示出了一种尊重。康库因城的国王坎·马科斯是以完整的王权仪式被埋葬的。他的脖子上还挂着写有他名字和头衔的项链。他们还将受害者和受害者最好的礼服、装饰品以及大量翡翠、美洲虎牙串成的项链和稀有的贝壳掩埋在了一起。

南卫理公会教派大学研究玛雅考古学的专家戴维·A. 弗雷多并未参加此次研究，但他同意在玛雅战争中被征服的皇家成员和贵族遭到消灭正是全盛时期结束的关键起点这一观点。他还补充道，一个被打败的统治者有可能被处死，并不会殃及整个宫廷成员。弗雷多博士说：“而这种极端的暴力行为正是玛雅文明在崩溃时期的特征。”

**点评**

时间能证明一切，在时间的长河中，玛雅文明消亡的真正原因也终将露出本来的面目。

# 金字塔北迁谜团

5 000年前，埃及人在古都孟菲斯附近的塞加拉建造了第一座金字塔，而后来，更多的金字塔，包括胡夫的大金字塔，却建在了更远些的吉萨。接着，他们又换了地方，一而再、再而三地转移，最后又回到了起点——孟菲斯——附近。在近400年的岁月里，埃及法老为什么要多次改变修建金字塔的地点？时至今日，具体的搬迁原因仍是一个谜。为解开谜团，埃及学家多米尼克·蒙塞拉特和考古学家米里亚姆·库克对此进行了深入探索。

关于为什么改变修建地点，米里亚姆·库克提出了地质学方面的依据。金字塔都是用石灰岩建造的。为什么这种材料最适合造金字塔呢？首先，这是一种非常耐用的石料；第二，埃及盛产石灰岩；第三，石灰岩有分层，有纹理，比较容易开采。

以前，古埃及人一直在塞加拉修建金字塔。但是，野心勃勃的法老胡夫希望建造更大的金字塔。他必须找到一个更合适的地方，因此，他将整个工程迁到了北方的吉萨。

巴亥·伊萨威博士认为，吉萨的石料更多，地面更平整。胡夫和金字塔建造者顺应了大自然提供的条件，这个地方可以让他实现愿望，建造更大的金字塔。

埃及学者多米尼克·蒙塞拉特认为，地点变迁的背后暗藏着更大玄机，其中的人文因素要多于建筑方面的考虑。

多米尼克指出，要探讨金字塔地点的变更，必须清楚赫利奥波利斯与金字塔修建地点的关系。赫利奥波利斯，即埃及的太阳之城。一连几千年，它一直是太阳崇拜的中心。太阳神“拉”每天乘着太阳船驶过天空，到达冥界。古埃及人认为每一位法老在死后都要到太阳神那里去，因此太阳神与法老最后的安息地——金字塔——之间，有着重要的关联。仔细看看在吉萨和阿布拉瓦什修建金字塔的法老的名字，会发现，先是在阿布拉瓦什建造金字塔的拉杰代夫，然后是哈夫拉，还有在吉萨建造第三座金字塔的门卡拉。这三个法老的名字里都带有“拉”。这是为了表达他们对太阳神“拉”的崇敬，建造金字塔也因而成为了太阳崇拜的重要表达方式。

伦敦大学学院考古研究所戴维·杰弗里斯博士说，拉杰代夫是名字中带有太阳神“拉”的第一位法老，他自称是太阳之子，选在阿布拉瓦什修建金字塔。从赫利奥波利斯看过去，这座金字塔看得最清楚。吉萨所有的金字塔都和赫利奥波利斯处在一条直线上。4 500 年前，没有烟雾尘埃的遮蔽，法老从吉萨和阿布拉瓦什的金字塔，应该可以看到赫利奥波利斯的太阳神殿。因此，法老们希望能从金字塔看到太阳崇拜的中心。杰弗里斯指出，崇拜太阳的信徒相信眼见为实。由于法老们越来越沉迷于对太阳的崇拜，从修建金字塔的地点，必须要看得见赫利奥波利斯的中心。法老拉杰代夫决定，将金字塔工程全部迁到阿布拉瓦什。在他的新金字塔里，也能看见赫利奥波利斯。下一任法老哈夫拉又回到了吉萨，他的金字塔靠近父王胡夫，门卡拉的金字塔也建在附近。在这些金字塔上可以清楚地看到赫利奥波利斯。

可是，从地图上看，杰弗里斯的理论还有疑点。接下来的三任法老在塞加拉附近修建金字塔，这个地方叫阿布希尔，当时他们仍然崇拜太阳神“拉”。问题是碉堡岩会挡住他们的视线，从阿布希尔没法遥望赫利奥波利斯的太阳神殿。对于这一质疑，戴维·杰弗里斯博士说，在阿布希尔金字塔东北方几英里以外的沙漠中，有一片神秘的废墟。站在这一废墟上，居高临下，可以清楚地看到阿布希尔的金字塔。戴维·杰弗里斯博士说："这个遗址实际上是另一座太阳神殿的遗迹。法老们在阿布希尔修建金字塔时，考虑的重点就是能不能从金字塔看到太阳崇拜的圣地赫利奥波利斯。可是，从阿布希尔的金字塔并不能看到赫利奥波利斯。在赫利奥波利斯和开罗的南面，有一片突出的峭壁，峭壁主线上坐落着一座伊斯兰城堡，我们叫它碉堡岩。这道岩壁挡住了人们的视线，使人们没法从阿布希尔的金字塔上看到赫利奥波利斯。于是，他们就在阿布希尔修建了另外一座太阳神殿。这样，一切问题就都解决了。"表面看来修建金字塔的地点似乎是随意挑选的，但是有一点很重要，那就是自从王室开始重视拜日信仰，金字塔的位置就迁到吉萨，然后又迁到了阿布拉瓦什。这样，地点的变迁与太阳崇拜的关系就很清楚了。

**点评**

关于金字塔修建地点频繁改变的原因还在探索中，不过，金字塔的伟大和神奇却深深地留在了我们的记忆里。正如我们所知道的，金字塔留给人类的思考真是太多了。在这里，我们不得不又一次感叹古埃及人的伟大。

# 神秘失踪的埃及唯一女法老

哈特谢普苏特，埃及首位也是唯一一位女法老。

哈特谢普苏特是开创古埃及一代盛世的第18王朝法老，图特摩斯一世与王后唯一的孩子。她从小聪明伶俐，果敢坚强，深谙权术。她常以自己是法老唯一的正统继承人为荣，梦想有朝一日统治强盛的埃及。

公元前1512年，图特摩斯一世去世。他与王妃所生的长子与哈特谢普苏特结婚，继承了王位，是为图特摩斯二世。二世体弱多病，无心治国，继位不久，大权就落到哈特谢普苏特的身上。几年后，二世病死。此时的哈特谢普苏特根基不稳，无法实现其抱负。于是她安排二世与妃子所生的一个10岁男孩与自己的女儿完婚后继位，是为图特摩斯三世。自己则以摄政王身份，全权管理国家事务。三世慢慢长大，心怀雄心不愿再做傀儡。于是，哈特谢普苏特赶在三世成年正式亲政之前，将他流放到偏远地方。

至此，哈特谢普苏特成为法老已万事俱备，只欠如何打破女性无法当朝的传统。于是，她联合僧侣编造身世，称自己是太阳神阿蒙之女，太阳神为了让自己的后代统治埃及，化身图特摩斯一世与王后产下一女。如今，这位女子已历经磨难，可以成为统治埃及的法老了。她还在神庙的石碑顶部放置许多金盘，反射太阳光芒，以向世人证明她与太阳神的亲密关系。接着，她开始女扮男装，下令所有人用男性代名词称呼她。哈特谢普苏特终于如愿地成为埃及首位，也是唯一一位女法老。

当上法老后，哈特谢普苏特精心治国，使古埃及继续保持兴盛。为了奖赏神庙中的僧侣，她复修了许多古建筑、祠庙，并赠送给神庙 4 座高达 30 余米的石雕方尖碑，为太阳神吟诗作赋。

在她统治后的第 22 年，图特摩斯三世突然重返王位，哈特谢普苏特从此不知去向，同时失踪的还有她的情人和女儿。由于绝大多数有关她的记录都在当时被刻意销毁了，至今，埃及史学家都无法解释哈特谢普苏特如何失去了权力，也说不清她的死因。流传最广的一种说法是，哈特谢普苏特刚刚驾崩，图特摩斯三世的军队就袭击了宫殿，毁掉了所有与她有关的东西。她的墓穴被洗劫一空。

位于开罗以南 671 千米的尼罗河岸边卢克索，曾是古埃及新王国的都城。这里古迹遍布，在国王谷里，巨大的岩石洞被挖成地下宫殿，埋葬着第 17 王朝到第 20 王朝期间的 64 位法老。现代考古学家在尼罗河西岸发现的皇家木乃伊中，没有一具属于哈特谢普苏特。她的木乃伊是否被人转移到别处？是否保存完好？哈特谢普苏特尸体的去向成了一桩历史悬案。

但是，尼罗河西岸的卢克索地区依然矗立着一座巨大庙宇，里面的方尖碑还有不少浮雕完好无损地保存了下来，向世人述说着女法老哈特谢普苏特传奇而美丽的故事。

**点评**

这位埃及唯一一位女法老传奇的一生，谜一样的结局，留给我们的是感叹，是追忆，是钦佩，是惋惜。希望有一天，这位女法老的木乃伊能够重见天日，继续向我们讲述她自己的传奇故事。

# 奇异的巨石阵

在英国索尔兹伯里的一片远离城市的空旷平原上，十几块几十吨重的巨大石块兀然而立，排成一个圆环形。这些石块光滑圆浑，外观相似，而且它们之间的距离大致相等，就好像是十几位巨人围坐一起，在商量着什么神秘莫测的事情。这些神秘的巨石早就引起了人们的兴趣，而科学家们感兴趣的是，巨石阵究竟是大自然的杰作，还是古代人类建造的。

从 20 世纪 50 年代开始，有许多科学家探讨过这个问题。牛津大学的休恩教授用了好几年的时间，详尽地考察每一块巨石，研究石阵的排列和所在地区的古代文化遗迹。他认为，巨石阵不可能是大自然的杰作，因为无论是狂风恶浪，还是火山地震，都不可能把这些外貌相似的巨石聚集起来，排成这样有规则的圆环形石阵。根据石块上的痕迹和考古资料，休恩推测，巨石阵是古代人类在公元前两三千年建造的。当时这一地区还处在新石器时代末期、青铜时代初期，人们已将巨石用于各种形状和用途的建筑，有时使用单块直立的巨大石柱，有时把它们组成圆形或线形。休恩教授的推断，解释了巨石阵形成的年代，很有说服力，因而得到了其他科学家的支持。

而英国物理学家赫胥里、美国加利福尼亚大学的考古学家斯蒂尔，还有一些化学家、地质学家和电子工程师等，着重研究“地能”与巨石阵发出的超声波的关系。研究组织的成员在那位物理学家测到超声波的巨石旁边，不仅测到了超声波，还测到了很强的无线电波。在夜晚，这种超声波和无线电波最强，几米之外都能接收到。然而，一到黎明，天色将晓的时候，这些信号会逐渐减弱。有人推测，这是由于太阳光破坏了产生这种信号的“地能”。接着，研究组织又有了令人振奋的新发现。他们精确测定了巨石发出的超声波，结果发现，这种超声波的脉冲是每分钟 22 次，超声波的强弱会随时间推移而发生变化。一年后，研究组织的一位电子工程师又有了惊人的发现：巨石阵不光发射超声波和无线电波，而且能发射出放射线。不过，离巨石阵几米远的地方，就记录不到放射线了。有人把这当作巨石阵地下存在“地能”的确凿证据。

为了说明巨石阵的这些奇异现象，研究组织的专家们提出了各种科学的假设。有人认为巨石阵地下埋藏着放射性元素，甚至埋藏着放射性元素的矿藏。这种解释使考古学家不由得联想起，在美洲和澳洲，新近发现一些古代祭祀场所、神庙废墟的遗址下面也存在一些放射性元素。于是，他们提出了一系列问题：这种现象仅仅是巧合吗？放射性元素和古代的“地能”究竟有什么关系？古人又是怎样发现这些放射性元素的？但是，研究组织的有些专家不同意这种说法。有人提出疑问，如果巨石阵的地下果真埋藏着放射性元素甚至是矿藏，那么，为什么离开巨石阵稍远一点的地方测不出放射线呢？有的人还发现，在巨石阵的某些方位，放射线特别弱，这又该怎样解释呢？到目前为止，还没有人能圆满地回答这些问题。看来，巨石阵的奥秘还没完全揭开，争论还将继续进行下去。

**点评**

古人给我们留下了很多的奇迹，也给我们留下了许多无法解释的谜团。也许这恰恰说明了古人类的伟大，也更让我们迷醉于古人浑厚的文化底蕴。

# 亚历山大一世死因成谜

亚历山大一世，俄国历史上最著名的沙皇之一，曾经三次打败野心勃勃的拿破仑。他的一生充满了神秘和离奇，他的死因也成为人们关注的焦点。

亚历山大出生于1777年12月12日（俄历），他的祖母是俄国著名女沙皇叶卡捷林娜二世。叶卡捷林娜二世很疼爱亚历山大，但对他的要求也很严格。每天早晨，她都要求亚历山大在低于15℃的房间里开着窗户洗冷水澡，以磨炼他的意志。在他6岁时，祖母将家里的女保姆赶走，找了12名家庭男教师教育他，以造就他威猛、坚定的性格。

亚历山大的父亲保罗大公任沙皇时，暴虐蛮横，喜怒无常，亚历山大也不得不对父亲唯命是从，甚至不能自由地支配自己的时间。父亲要随时召见他，让他汇报一些琐事的细枝末节，而且在半数情况下，他会因不称职而遭到训斥。渐渐地，亚历山大结交了一些有实权的朋友，他们都对沙皇保罗的统治不满，常常在一起商量如何打破妨碍自由的桎梏，实现全体公民的平等，建立公正博爱的社会。随着保罗自负、狂躁的升级，越来越多的人开始反对他，并着手策划推翻他的统治，扶植亚历山大即位。

1801年的一天夜里，反对党冲进沙皇寝室，将保罗杀死。当夜，亚历山大躲在一个套间里，战战兢兢地守在妻子身旁。当父亲被杀的消息传来时，他号啕大哭。尽管父亲暴虐无道，但是父亲之死仍然让他感到负疚。这时，反对党的首领进来对他说："行了，别耍孩子脾气了，登基去吧!"就这样，亚历山大成了新的沙皇。

19世纪初，雄心勃勃的拿破仑一心想称霸欧洲。1812年，拿破仑发动了对俄国的进攻，攻占莫斯科。起初，拿破仑军队势如破竹，但随着隆冬的到来，法军缺少住所和补给，拿破仑无意再战，决定向亚历山大求和。亚历山大对拿破仑的要求不予理睬，决心将战争进行到底。拿破仑不得不撤出莫斯科，亚历山大命令俄军全线追击，法军伤亡惨重。拿破仑第一次尝到了失败的滋味。经过几个月的厮杀，法军开始溃退。1814年1月，亚历山大率大军进入法国境内。3月31日，攻占法国首都巴黎。拿破仑大势已去，被迫退位。尽管一年以后拿破仑从流放地厄尔巴岛逃脱，又重整旗鼓，但在俄军为首的反法同盟军打击下，拿破仑惨败于滑铁卢，第二次退位，从此一蹶不振。1815年7月，亚历山大第二次进驻巴黎，举行了盛大的阅兵式。当他的军队通过检阅台时，同盟国的首脑们都赞不绝口，亚历山大为俄罗斯帝国赢得了无限的荣耀。

1825年，亚历山大遵照医生的嘱咐，到气候适宜但位置偏僻的亚速海上小镇塔甘罗格疗养。可去了不到两个月，俄国皇宫突然宣布，亚历山大一世于11月19日在疗养地驾崩。亚历山大的突然死亡，引起人们的纷纷猜测。有人说，他的确是死于疾病；也有人说，他根本就没有死，而是看破红尘，借疗养之机遁入山林过起了隐居生活。亚历山大的死就这样成了一桩悬案。亚历山大去世10年后的一天，在乌拉尔山区的一个村子出现了一位雍容高雅、仪表超俗、自称费道尔·库兹米奇的老人。由于他说不清自己的来历，被警察局驱逐到了西伯利亚。在那里，他居无定所，生活十分艰难。但他学识渊博，待人宽厚，深得当地群众爱戴。人们慢慢发现，他对当代的政治事件了如指掌，他能绘声绘色地讲述俄军开进巴黎时的盛况，甚至能一个一个地说出当时沙皇身边的随员。有人说他在某段时间内经常收到一个名叫玛丽亚·费多罗芙娜（这是亚历山大一世母亲的名字）的女人寄来的钱和衣物。1864 年 1 月，费道尔·库兹米奇以 87 岁的高龄寿终正寝，他的死给后人留下了许多疑问：一位曾参与医治亚历山大疾病的医生，从不参加 11 月 19 日纪念亚历山大之死的祷告仪式，而 1864 年 1 月的一天，他却亲自领着大家为亚历山大的亡灵祈祷。他流着泪说："沙皇这下真是死了。"而在继任沙皇亚历山大二世办公室的墙壁上，一直挂着费道尔·库兹米奇的画像。

那么，亚历山大一世究竟是不是费道尔·库兹米奇？难道他真的看破红尘，四海为家？可是，是什么使正处于鼎盛时期的亚历山大一世放弃了一切，是因为他与亲妹妹的尴尬感情还是另有原因，我们都无从知晓。

### 点评

皇室内部的斗争始终是不可避免的，能超脱于权力之外的人毕竟还是少数吧。亚历山大一世究竟是不是隐姓埋名，四处漂泊，我们不得而知，只能对他传奇般的人生唏嘘感叹。

## 考古学家解密李莲英之死

1984年7月的一天，正着手准备毕业论文的佟洵来到了中国第一历史档案馆借阅档案，她要研究的对象是清朝太监李莲英。实际上，对于李莲英离开皇宫之后的生活状况，种种史料都有着几乎相同的记载，那就是李莲英因病而终，并没有任何意外发生。但是，墓中的李莲英却身首异处，这不是很奇怪吗？假如李莲英果真是寿终正寝，又该如何解释其墓中身首异处的现实呢？一天，当佟洵又一次读到李莲英的墓志铭时，发现他的墓志铭用了一个陨字，陨就是死了的意思，但没有病死的含义。此外，佟洵还发现，虽然相关史料中都提到李莲英是因病而终，但对他的病因却只字未提。1985年，佟洵发表文章《李莲英死因之谜》。文章中，不仅首次披露了1966年挖掘李莲英之墓的全过程，以及李莲英身首异处的真相，更提出了李莲英死于非命的观点。

但是，关于李莲英的死因，大家的看法并不一致。中国第一历史档案馆研究员唐益年，几乎翻阅了全部的清代太监档案。对于李莲英究竟是否死于非命，他并没有给出肯定或否定的评断。在民间，关于李莲英之死有多种说法。有人说，他死于革命党之手，因为李莲英正好死在辛亥革命时期。此外，有传言说李莲英被宫中的仇敌所害，也有人说他被杀死在去山东讨债的路上。李莲英的过继孙女李乐正说，祖父死于痢疾，得病三四天就突然死亡。在唐益年眼中，机警圆滑的李莲英绝不可能是被宫中仇敌所杀。因为在清朝开国之初，顺治皇帝就立了一个铁牌，规定了太监不许干预朝政，所以李莲英根本不可能参与朝廷内的党派之争，在这种情况下，他不可能得罪革命党人，等他临死出宫时，对于政事更没影响了，因此杀他没有任何意义。同时唐益年还认为，李莲英被悍匪杀死于讨债路上的故事更是杜撰。无论是李莲英的财富地位，还是他离宫后岁过甲子的年龄，都不可能亲自出门讨要债务。

争论没有结果，新的声音却再次出现。1990 年，《纵横》杂志刊登了一篇北京文史研究馆已故研究员颜仪民名为《李莲英身首异处之谜》的文章。他在文中不仅肯定了李莲英被人杀害，而且详细描述了李莲英被杀的细节：李莲英在出宫后，一直住在护国寺棉花胡同的一所自家宅院内，过着与世隔绝的生活。一天，李莲英突然接到一张请帖，发帖之人是清末第一号实权人物——袁世凯的红人——九门提督江朝宗。请帖中说，要请李莲英在什刹海会贤堂吃饭。面对这张非同一般的请帖，李莲英犹豫不定。权衡半天，李莲英最后决定：准时赴宴。不过，他万万没料到在回家的路上，遭遇了暗算。事后，其家人在后海找到了李莲英的头颅，身躯却不知下落。文中，颜仪民提到了两个重要人物，一位是江朝宗，另外一位则是太监小德张。小德张是清末又一位名噪一时的太监，因为得到隆裕皇太后宠爱，成为二品太监总管。颜仪民文中多次强调，小德张是李莲英的死敌。文章刊登后，引起了更大的争论。人民大学清史研究所研究员王道成对这样的看法表示了异议。依照档案记载，江朝宗当时并不在京，那么李莲英是与江朝宗吃饭之后被杀的说法，就有了明显疑点。但是，颜仪民却为自己的说法提供了不容置疑的证明：这一切他是亲耳听江朝宗之子江宝仓讲述的。颜仪民满姓叶赫颜扎，他在文中称，其家族也曾是清王朝时期的大户人家，其叔父毓贤曾为山东巡抚，而父亲毓泰曾经就是江朝宗的机要秘书。颜仪民说，正是两家这样的渊源，他和江朝宗的儿子江宝仓成为忘年交。而江宝仓对李莲英被害一事毫无顾忌，不仅向颜仪民讲述了后海的事发经过，甚至泄露了其中隐情："李莲英被杀后，次日一大早，李莲英的弟弟就跑到江府来禀报，江朝宗当时还故作镇静。"颜仪民认为，江朝宗这种明知故问的态度，完全说明了他与李莲英在后海被杀有关。然而，这个证据也遇到了质疑。为了说明小德张和李莲英素有嫌怨，颜仪民在文中说，小德张曾奏请隆裕太后下令查办李莲英的财产。但王道成认为：李莲英已经退休了，退休后他为什么还把300万两银子放在宫里？据《老太监的回忆》记载，慈禧太后去世后，李莲英就把他收藏在宫里的80万两金条抬到了住处。另外，他把财产按亲疏关系都分给了100多位亲属。那么，那些太监们怎么可能再来打他的主意？

唐益年也再次以史料为据，首先排除了江朝宗的嫌疑。"江朝宗在宣统二年（1910年）任陕西汉中镇总兵，一直到民国二年（1912年）才从陕西回到北京，担任北洋政府的北京卫戍司令。李莲英死在宣统三年（1911年），这时江朝宗还远在几千里之外当总兵，怎么去杀李莲英呢？"同时，唐益年也对文中所讲的，小德张是李莲英死敌的说法表示不敢苟同。"小德张比李莲英小很多，他是在李莲英出宫后，隆裕皇后当上太后时才慢慢得势，而且小德张从入宫一直到他出宫，从来没在慈禧太后身边当过差，因此两人之间根本没有利害冲突。"也有专家认为故事的细节不合逻辑，因为按古代来说，行刺都是提着脑袋走，没有留下脑袋扛着身子走的。虽然他们都没有找到李莲英被杀的直接证据，但专家认为，那些史料中模糊的记载，以及散布于民间的传闻，还有李莲英后人言语中的破绽，都已经暗示了李莲英之死的种种蹊跷。

**点评**

从1985年佟洵发表《李莲英死因之谜》至今，关于李莲英死因的争论一直不绝于耳。我们相信，历史学家最终会给我们一个圆满的解释的。

## 金字塔之谜

胡夫金字塔，埃及最大的一座金字塔。它无论从建造过程还是结构以及关于它的神秘事件，都给我们留下了许多的疑问。

胡夫金字塔的塔高乘上10亿所得的数，和地球到太阳之间的距离相等；穿过大金字塔的子午线把地球上的陆地、海洋分成相等的两半；用两倍塔高除以塔底面积等于圆周率。以上这些都是巧合吗？科学家还发现，金字塔似乎具有一种神秘的力量，它作用于人体或其他物体，会产生某些奇异的效应。最初发现金字塔具有一种神秘力量的是法国人鲍比，他进入大金字塔里考察时，发现塔内温度较高，但残留于塔内的生物遗体却不腐烂，反而脱水变干，保存久远。因此，鲍比推测塔内可能有某种不可思议的力量在起作用。

鲍比的发现引起许多学者的兴趣，美国加州大学派出科研人员前去考察。进入塔内之后，他们发现所携带的各种电子仪器几乎都失灵了。因此，他们推测塔内某处可能藏有巨大的磁石。意大利学者还发现长时间在塔内停留，会使人神经失调、意识模糊。

20世纪30年代，一群科学家发现在一座金字塔塔高1/3处有一只垃圾桶，桶内有一些死猫死狗之类的小动物尸体和一些水果。使科学家们惊奇的是，尽管桶内湿度相当大，可是这些尸体非但没有腐烂变质，反而脱水变成“木乃伊”。有人回国后，按照金字塔的比例，造了一座小金字塔，并把一只死猫放在位于塔高1/3的地方，结果，死猫不久也变成了“木乃伊”。接着，很多科学家都做了类似的实验，证明了这样的金字塔结构不但能够保存动物尸体，还能够使食物保持新鲜，使刀片变得更为锋利并延长使用年限，甚至可以提高植物种子的发芽率。人们因此称这种现象为“金字塔能”效应。

更让人惊奇的是该塔高约146.5米，共用了230万块巨石。在那个时代，这些石块是怎样开采、运送的，又是怎样堆砌的呢？要知道，即使在今天，拥有世界上所有现代化技术手段的建筑师也很难完成如此艰巨的工作。尤其令人疑惑不解的是，在附近数百英里范围内，竟然难以找到类似的石头。

仔细研究后，科学家约瑟·大卫杜维斯提出了惊人的见解：金字塔上的巨石是人造的。大卫杜维斯借助显微镜和化学分析的方法，认真研究了巨石的构造。他根据化验结果得出这样的结论：金字塔上的石头是用石灰和贝壳经人工浇筑混凝而成的，其方法类似今天浇灌混凝土。

由于这种混合物凝固硬结得十分好，人们难以分辨出它和天然石头的差别。此外，大卫杜维斯还提出一个颇具说服力的佐证：在石头中他发现了一缕约1英寸（1英寸=2.54厘米）长的人发，唯一可能的解释是，工人在操作时不慎将这缕头发掉进了混凝土中，并保存至今。

一些科学家认为，鉴于现代考古研究业已证实人类早在数千年前就知道如何制作混凝土，因此大卫杜维斯的论断颇为可信。但少数学者提出了质疑，他们说，既然开罗附近有许多花岗岩山丘，那么，古埃及人为什么要舍此而去用一种复杂的操作方法来制作那难以数计的石头？

关于金字塔的谜团不止这些，古埃及人的智慧留给我们太多的悬念。为了研究金字塔，科学家们付出了非同一般的努力，可是，关于金字塔的种种谜团仍没有足够的证据来解释，这些谜团还有待人们进一步去研究、探索。

**点评**

作为世界七大奇迹之一的金字塔，它的神秘让人费解，也正是因为它的神秘，才令人们对它充满了好奇，期待着能揭开其中的奥秘。

## 南京发现疑似孙权陵墓

孙权，三国鼎立时期的霸主人物，关于孙权墓地的所在地，一直众说纷纭。

孙权于公元 211 年将政治中心从京口迁到秣陵，次年建石头城，改“秣陵”为“建业”，由此揭开了南京建都史的第一页。252 年，孙权死后葬于钟山南麓的高岗上，葬处得名“孙陵岗”，后人又称“吴王坟”。20 世纪 40 年代，孙陵岗改叫“梅花山”，但孙权是否真的就葬在梅花山，学术界尚无定论。

中山陵园管理局文物处副处长廖锦汉介绍说，梅花山与两个历史人物有缘，一个是东吴皇帝孙权，另一个则是大汉奸汪精卫。不过抗战胜利后，汪精卫墓即被炸毁，只保留了这座墓前的建筑——寿星宫，如今被用于吴帝孙权的历史图片文物展览。廖锦汉说，根据历史记载，三国时期吴帝孙权的墓就在梅花山。

孙权究竟在不在梅花山？为了弄清楚这个疑问，江苏省地震局地震工程研究院科研人员利用现代精密磁测技术，对整个梅花山进行了勘探。勘测结果表明，在博爱阁南侧附近有巨大地下构筑物，呈“甲”字形状分布。据探测，这座墓葬完全属于开山凿石而成，工程非常浩大，不是帝王，不可能发动这么大力量。考古专家推测，这极可能就是东吴帝孙权的墓葬。那么，该墓葬到底是不是孙权的最终归宿，有没有遭到破坏，这些还不得而知。

针对上面的情况，南京大学文化与自然遗产研究所所长贺云翱也说，在南京梅花山博爱阁附近发现有大型人为构筑物，疑与孙权墓有关。贺云翱介绍，在与江苏省地震局有关专家合作开展“六朝陵墓”的课题研究时，课题组在现在的梅花山博爱阁下面发现有人为构筑物。博爱阁为台湾同胞张平沼于20世纪90年代出资在梅花山上建的观梅景点。在博爱阁区域进行探测，发现有一处的结构和其前后通道结构有显著区别，类似古时墓穴的封门墙。曾挖深沟，沟中不停冒水，后来发现有喇叭形路口，上层是夯土，下层是黄土，明显是人为构筑物，这种往山里开挖的构造和汉代帝王陵墓的建造方式相似。贺云翱说，现在还不能肯定这就是孙权墓，但博爱阁刚好就建在这个构筑物上面，算得上是历史巧合。

由于目前国家严令禁止发掘帝陵，所以在相当长的一段时间内，孙权墓的秘密将继续在地下埋藏下去。不过，留给世人一些猜测的空间，也未必是一件坏事。

**点评**

孙权，江东霸主，北拒曹操，西抗刘备。其墓地究竟在哪儿虽不为人知，但他的丰功伟绩却一直被史料记载，成为我们景仰的一代明君。

# 中国最大墓葬身世大白

20 世纪 70 年代的一年，陕西省春旱严重，骊山脚下许多村民被迫打井抗旱。井底，有人忽然挖到一个奇怪的陶土人头。秦始皇陵兵马俑（简称，兵马俑）就这样意外地被发现了。在此之前，人们对这位始皇帝和秦朝的了解，大多仅限于史料记载。兵马俑的发现，使人们有更多的资源去勾勒这个王朝大致的轮廓。人们不禁要问，这个帝国从何而来，他们先祖的遗存又在哪里。这个问题也同样困扰着考古界。

陕西省考古所一支考古队来到宝鸡市凤翔县，这支考古队的足迹几乎踏遍整个关中著名山脉的角角落落。他们苦苦找寻的就是那个强大的王朝——秦帝国——其先祖的足迹。但是，几个月的艰苦工作，考古队一无所获。与此同时，在灵山东南 30 千米之外，一个叫南指挥村的地方，一位靳姓村民却遇到了一件奇怪的事情。南指挥村坐落在陕西省宝鸡市凤翔县城南 5 千米，离村子不远有一块奇怪的荒地，春夏时节，不管雨水多寡，那里庄稼都长不好。生活在附近的人们对此似乎也习以为常，没人想去深究。几年后的一天，附近一赵姓村民推着小土车来到这里，他要挖点土修补自家的院墙。铁铲挥动，黄土里带出一些奇怪的土块，它们的颜色和形状与周围黄土明显不同，有黄有红，还夹杂着一些碎石，并且非常坚硬。几天以后，村民在闲谈中提及这件事，很偶然地被陕西省考古所考古专家记了下来。职业的敏感让考古专家意识到，这里面必有蹊跷。一支考古队很快赶来，进行实地勘察。那些奇怪的土块是经过人工夯砸的，初步勘察结果，让考古队员震惊不已——它们来自一个巨大的地下工程，这个四方形的神秘地下工程，占地面积被考古队标出，竟然足足有两个国际标准型篮球场那样大。不久之后，考古勘察又发现工程东西方向有向外延伸的迹象。整个工程呈怪异的“中”字形结构。几个月之后，工程地面以下的大致形制被考古队摸清：它的主体部分分三层，在十余米处有一圈二层台面，而工程深度竟然相当于 8 层楼高。如此形制，基本可以确认这是一座古墓。墓葬之大，实属罕见；拥有如此巨大墓葬的主人，其身份也必定极为显赫。

于是，考古队开始正式挖掘，田亚歧是当时的考古队副队长。他寄希望于大墓可能出土带有铭文的青铜器，那样研究起来会极为方便。但是此时，传来一个消息，考古现场发现了一些奇怪洞口，那些洞口呈圆形或椭圆形，几天时间，就清理出 240 多个。仔细查看之后，田亚歧明白，大墓已经被盗，洞口是盗墓者留下的盗洞。最让考古队员忧虑的就是大墓是否已完全被盗。盗墓的破坏，使许多史实都无法索解。当时的盗墓人，进入墓室以后，肆无忌惮，贵重的青铜器是他们首选的对象。田亚歧最初寻找相关铭文的计划，面对如此严重的盗扰，可行性显然大打折扣。关于巨墓墓主以及年代之谜，考古队只能寄希望于进一步发掘，或许可能发现新的线索。但是，接下来的发现，使这座神秘古墓变得更为扑朔迷离。

在大墓第二层台基处，考古队员发掘出了一个头骨，他的嘴大张，死前像是在声嘶力竭地呼喊着什么。又过了一会儿，距离头骨不远，人们又发现了一节折断的胳膊残骸。考古队员连夜工作，随后共清理出人骨遗骸 20 具。这 20 具神秘尸骸都无棺无椁，位置杂乱无章。尸骸的发现，带来一系列疑问：这个豪华墓葬里，为何埋葬的竟然是这样一些人？这些尸骨，为什么有的身首异处，有的肢体残缺？而这一切对破解墓主及古墓的年代之谜，又能提供什么线索？这些疑问，事关古代一种恐怖的丧葬制度——人殉。此前，在河南殷墟商代王陵里，就曾发现过大量殉人。我们知道，在奴隶制社会，包括国家的用物和人在内的一切都是奴隶主的。当时的人有一种观念，他们的主人死了，那么他们也应该和奴隶主一起到阴间去继续侍奉奴隶主。神秘巨墓中发现的这 20 个殉人，他们生前可能是战俘或者奴隶，大墓封埋时被砍杀用以祭祀，凌乱的尸骨折射了当时残酷的场景。这种残酷的殉葬制度，自殷商时期开始，以至秦以后都存在。其中最为惨烈的就是人牲，而人牲主要出现的时代是在先秦。从已有的考古发现可知，自秦朝建立之后，残酷血腥的人殉制度，才逐渐被陶俑所替代。由此可以断定，古墓应该是一座先秦墓葬。但是，它究竟属于先秦的哪个年代，人们依然一无所知。

接下来的发掘工作进行得异常迅速。在这 20 具骸骨下面的土层里，考古人员很快又发现了一具棺木。打开棺盖，里面赫然又是一具人骨遗骸。这样的木棺，之后又发掘出 160 多具。显然，他们也是殉人。田亚歧介绍说，除了二层台发现的那批杀生作为牺牲的战俘或者刑徒以外，这 160 多具人殉都是自愿的殉人。那么这个大墓里殉人的总数已达 186 具。如此恐怖而奢华的排场进一步证明，墓主必定极有来头。不仅如此，进一步清理棺木时，考古队员又有惊人发现，这些躺在棺木里的自愿的殉人，他们的下肢全部诡异地蜷曲着。考古专家想起了史书上的记载，春秋战国时期，秦人中盛行屈肢葬，即在人刚死之时，用布带将其下肢向上卷曲捆扎，然后入棺埋葬。这种独特的葬式，将目标进一步明确指向了秦人。但是，西藏阿里高原的古象雄文明，和距今四五千年前的岭南早期文化，以及距今约 4 000 年前黄河上游地区的马家窑文化，这些古老文明所遗留下来的墓葬里，都曾发现过屈肢葬。因此，还不能据此断定这座巨墓就是一座秦墓。

考古队员发现，这座古墓中已出土的所有棺木，均有规则地东西向摆放。田亚歧介绍说，墓葬的方向也是判定墓葬的族属以及时代的一个很重要的方面。目前在整个关中地区，以及甘肃，发现了几千座秦墓，但是基本上都是东西向的。就在此时，陕西省考古所另外一支考古队的工作，获得重大突破。雍城是春秋战国时期各列国都城里面规模最大的一座城，这个城的范围一共是 11 平方千米，城内有寝宫陵园，那么这个寝宫陵园在南指挥一带的布局，经过多少年的考古工作，面貌已经很清楚了。这个神秘的大墓，就处于雍城遗址范围之内，而且和这个神秘巨墓同样“中”字形的大墓，又陆续出土了 18 座。由此可以确定，眼前的大墓，是秦墓无疑。

在 3 000 多年前的周王朝时代，秦人的祖先还是一个部落，游牧于广袤无垠的西北塞外边陲。他们后来来到今天的咸阳一带，经过残酷征战，最终霸中原，灭六国，统一中华。从秦庄公算起，其间，经 30 多代统治者，历时 600 余年。史书中大致地勾勒了一个秦人东进的路线，但具体走过今天的什么地方，一直缺乏考古实证。雍城的发现，给人们带来不小的惊喜，毕竟，这里曾留下了秦人 250 年的岁月。现在，这个巨大墓葬，给了考古专家更多的希望。

确定古墓为秦墓之后，考古队最想知道的就是古墓主人的身份了。然而，这个谜底 10 年后才被揭开。直到 1986 年，在墓室中部，主棺椁顶才露出土面。构成主棺的东、西壁及棺底、盖的所有南北向柏木，两端均有榫头伸出，在主棺南北两侧，凑成长方形的如同柜子一般的形制。这个不同寻常的木棺造型，让考古专家想起史料上的记载，按照周礼，南北向各有椽头伸出的棺葬方式叫“黄肠题凑”。“黄肠题凑”是周朝天子的丧葬规范。这让考古队员大惑不解，按照周礼，作为诸侯国的秦，即便是国君，也无权享有这样的丧葬规范。骤然出现的疑问推翻了先前所有的假设。一切疑问，也许只能等开棺之后看到墓主才会最后明白。但是，由于盗扰，当考古人员打开棺盖后，在其主棺内，只发现了一段股骨，除此之外，棺内空空如也。

考古队员继续挖掘，在大墓底部，他们陆陆续续发现了很多石头的残片。在主棺椁顶上发现的石头残片，拼凑出一双长约一尺的石鞋底，石鞋底东西向放置，底下是鲜红的朱砂。这双石鞋的来历和用意是什么？考古队员老赵说，这个鞋在这里摆着，它的意思就是这只鞋可以用来保护他的权力。对墓主身份的确定，石制鞋底并不能提供更多线索。

但是接下来的发现就有着突破性的意义。考古队员清理出的另外一些石头残片，发现它们是石磬，一种古代乐器，而且，在石磬边缘，竟然有铭文。早先试图在青铜器上寻找的铭文，意外地出现在了石磬上。铭文后来被小心拓印下来。专家破解的结果，认定铭文记载了一次宫廷宴乐活动，大墓的主人是活动的召集者。铭文里“共桓是嗣”几个字，说明了他的身份。“共桓是嗣”就是说共公和桓公的继承人，那么按照这个推测的话，这个继承人就是景公。景公是秦第 14 代统治者，秦始皇嬴政的第 18 代先祖，自公元前 577 年起，在位 40 年。那时的秦国，已在雍城雄踞百年，国力也日渐强大，从景公死后使用周天子才可享用的“黄肠题凑”葬式，可见秦的雄心，已经超出关中一带。终于，这个躺在“黄肠题凑”内的巨大棺木里的墓主人身世被人们破解。景公墓后来被称为秦公一号大墓。

至此，这个中国迄今发掘的最大古墓，终于确定是秦第 14 代统治者——景公。

### 点评

乱世出英雄。春秋战国，诸侯争霸，是个英雄辈出的年代。然而，“一将功成万骨枯”。我们确定了墓主人身份的同时，也重新审视了那个动荡的时代。

## 帝王谷新墓主人可能是王后

根据埃及的习俗，配偶死后是不可以合葬的，因此法老和他们的妻子死后，他们的墓地相隔数里，被分别称作帝王谷和皇后谷。那么，帝王谷中的主人都是法老吗？

由于修建金字塔费时费力，后来的法老们不再为自己的陵墓修金字塔了，死后都葬在埃及卢克索附近的一个峡谷里，人们称之为帝王谷。帝王谷位于尼罗河西边，因为古埃及人认为生命来自于太阳初升的东方，死后将西去。

帝王谷全部法老的埋葬时间介于公元前 15 世纪至公元前 10 世纪。帝王谷共建有 60 余座法老陵墓，基本属于第 18，19 和 20 王朝的法老。所有墓都是同样模式，每位法老从登基的那一天起，陵墓便开始建造和装修。埋葬在帝王谷的著名法老包括第 18 王朝的图特摩斯三世、阿蒙荷太普二世、图坦卡门、荷莱姆赫布王，第 19 王朝的西蒂二世、美耐普塔、塔乌塞尔托女王、拉美西斯一世，第 20 王朝的拉美西斯三世、四世、六世、九世。

自 20 世纪 20 年代英国考古学家霍华德·卡特在埃及发现少年法老

图坦卡门的陵墓，80 多年过去了，专家们几乎放弃了在这个沙漠谷地发现新陵墓的希望。可是，考古小组竟然在距离图坦卡门墓不足 8 米处发现了一处非常重要的陵墓。这座陵墓是美国田纳西州孟菲斯大学一个考古挖掘小组偶然发现的。这支挖掘小组一直在第 19 王朝晚期法老拉美西斯一世的陵墓工作，清理碎石，恢复墓葬原貌。他们在距离图坦卡门墓室不足 8 米的地方发现了一些古代工匠居住的棚屋遗迹。于是，他们顺势挖掘，终在这些遗迹的地基上发现了一个 15 英尺深的垂直通道。通道的尽头是一个由巨石堵上的门。挖掘小组花时间将门前石头清理大半后，这座墓室才得以基本显现。挖掘小组成员埃德温·布若克激动地说：“真让人惊喜！多年的梦想终成现实。这块土地上还能发现完好无损的陵墓，的确是意外收获。”专家们猜测，墓地可能属于某个王后或皇亲国戚，或是与法老关系密切的非王室成员。

新发现的陵墓尘封 3 000 年之久，这座单室陵墓包括 5 个木棺。木棺形状似人形，缀有彩色的安葬面具，其中一个棺木向门一侧翻倒，上面绘制着一个女性的脸部，黑色长发，细细的眉毛，涂着眼影，脖子上戴着粗大的金色项链。角落里的另一个棺木也已部分打开，露出了裹着木乃伊的褐色的布，可以看出白蚁侵蚀的痕迹。棺材周围还排列着 20 多个白色石膏罐，罐子上法老的封印保存完好。石膏罐通常 4 个一组，用来存放为死者做木乃伊时取出的内脏，以及为死者准备的水和食物，以便他们在“旅途”中享用。此外，墓室内还散落着一些陶器。根据棺木和陶器的样式，考古学家们确定陵墓年代是埃及第 18 王朝，即公元前 1567 年到公元前 1320 年之间，正是古埃及文明发展的巅峰时期。埃及古代遗址最高委员会秘书长扎希·哈瓦斯也称赞这是“帝王谷 84 年来最重要发现”。

对考古学家来说，下一步工作将研究棺木上的象形文字，寻找一切关于死者身份的线索。由于墓室空间宽敞，可以断定并非法老陵墓。但至于是法老直系亲属，还是一些与法老关系密切的人，两方考古学家出现了争论。“除了国王和与国王有关的重要人物之外，其他人不会被埋葬在帝王谷。”哈瓦斯说。他认为，陵墓有可能属于 18 世纪有名的纳夫蒂蒂王后，也可能是法老的直系亲属。挖掘小组则认为，木乃伊不一定是皇室成员，可能和其他一些陵墓一样，属于受宠的皇室仆人、祭司或是法官。这个距离法老的陵墓仅 8 米远的陵墓尽管已经被发现，但是，墓主人的身份仍旧难以确定。这需要考古学家进行大量的考证才能得出结论。

**点评**

陵墓主人身份的确认有着极为重要的意义，它可以让我们更深刻地了解那个时期的丧葬制度，更好地了解那个时代。

# 顺治皇帝死因揭秘

顺治帝，6 岁登位，14 岁亲政，在位 18 年，24 岁突然死亡。对于顺治皇帝的死亡，《清世祖实录》中的记载异常简短：“丁巳，夜，子刻，上崩于养心殿。”为什么关乎生死的大事，以寥寥数字敷衍了事，甚至对死因只字未提？其中到底有何隐情？

相传，顺治皇帝迷恋上了董小宛，而顺治的母亲孝庄皇太后对此极为不满，设计害死了董小宛。然而就在董鄂妃死后刚过百天，宫中传出顺治驾崩的消息。短短 100 天里，贵妃去世，天子驾崩，为什么这一切如此巧合？

当时一位很有名气的诗人吴梅村，写下了一首《清凉山赞佛诗》。诗中写道：“陛下寿万年，妾命如尘埃。愿共南山椁，长奉西宫杯。”当时顺治皇帝与董小宛的故事传得沸沸扬扬，人们不免猜想，吴梅村在诗中所写的陛下，会不会就是顺治皇帝。此外，诗中还写道：“可怜千里草，萎落无颜色。”千里草——草下千里重叠，这分明是个董字。于是，人们更加确信诗中的妾，指的就是董小宛。而陛下，无疑就是深爱着董小宛的顺治皇帝。反复研读吴梅村的诗句，人们对其中的一句诗百思不得其解："八极何茫茫，日往清凉山。"据吴梅村笔记记载，诗中的清凉山，指的就是佛教圣地五台山，顺治生前从未到过五台山，为何诗中会说顺治"日往清凉山"?

根据清宫内国史院满文档案记载，顺治皇帝 14 岁那年，在遵化打猎的时候，认识了一位在山洞内静修的法师。从这以后，顺治就与佛教结下了不解之缘。顺治十四年，在太监的精心安排下，20 岁的顺治在京师海会寺，同高僧憨璞聪见面。憨璞聪对佛法的阐释深深触动了顺治。从此，顺治对佛教产生了浓厚的兴趣。

顺治崇佛已久，而且早有出家之意。董鄂妃死后，他曾经一度伤心欲绝，无心朝政，病逝于养心殿也许仅仅是个对外托辞，顺治并没有死，而是遁入空门，削发为僧了。

据《起居注》记载，康熙即位后不久，孝庄皇太后曾多次带着他上五台山礼佛。此类活动本可以在北京举行，可他们偏偏不远千里来到五台山。如此看来，顺治在五台山出家修行，也许才是隐藏在礼佛背后的真相。

"庚子之变"的时候，慈禧太后西逃，当地要接待她，就从五台山借了一些用具。有人说那些用具跟宫廷用具相似，可能是顺治当年用过的。

如果将这些细节综合起来，关于顺治死亡之谜似乎可以还原成这样的一个过程：孝庄害死了董小宛，顺治心灰意冷之下，以病逝为托辞，到五台山出家为僧。而孝庄唯恐此事为天下人所知，于是便假借顺治之名，伪造遗诏。遗诏中的种种自责，无疑也就是孝庄强加给顺治莫须有的罪名。

对于这样的说法，中国第一历史档案馆清宫档案研究专家李国荣却持有不同的意见。因为从顺治的感情基础和思维方式分析，遗诏中的自责并非不合情理。顺治入主中原以后，面对着一切都感到陌生。因此，他必须尽量去熟悉与适应这一切，甚至背离他自身原有的一些传统习俗。这就使他陷入一种困惑与矛盾之中，在他内心深处常常有几分自责的成分。同时，顺治受到德国传教士汤若望的影响，曾经一度笃信基督教，形成了感恩所得、自我忏悔的性格。在位期间，他屡次下诏自责，并要求各种文书不能称自己为“圣”。

顺治十八年，正月初六，夜里子时，深宫传出了一个令人震惊的消息：年仅24岁的顺治皇帝在养心殿驾崩。就在顺治驾崩后的第三天，不满8岁的康熙登上了紫禁城金銮殿的宝座。皇宫中很快恢复了平静，但是让人们迷惑的是，24岁的顺治皇帝一向身体强健，从未听说有什么疾病缠身，为什么会突然不治而亡？

作为记录顺治皇帝生平最权威的档案——《清世祖实录》——中有一段关于顺治死前的最后记录。顺治患病是在顺治十八年正月初二。到初六顺治已经是病入膏肓。《清世祖实录》中用了200多字记载了顺治死前的活动，而描述他的死亡却仅有11个字，时间、地点，除此之外再也找不到任何的线索，这究竟是为什么呢？不仅如此，清朝皇室家谱《玉牒》中也仅仅只是记录了顺治驾崩的时间，对于顺治皇帝的死因依然是避而不谈。

顺治临死之前留下的遗诏中，开列了多达14条的“朕之罪”。为什么即将离开人世的顺治会对自己平生所为如此内疚自责呢？难道仅仅是因为自己感恩所得、自我忏悔的性格吗？

李国荣在顺治朝的翰林院学士王熙的《自撰年谱》里，找到了关于遗诏撰拟的记载，在书中还意外地发现了关于顺治死因的线索。书中写道，在王熙应召进入养心殿以后，病榻上的顺治帝对他说，朕得了痘症，恐怕是好不了了。所谓的痘就是天花，顺治皇帝从患病到驾崩，只有五天的时间。他的病症与天花病极为相似，那么顺治皇帝会不会就是天花病死去的？

重新审视之后，顺治出家的说法又有疑点浮出水面。董小宛的丈夫——冒辟疆——在《影梅庵忆语》中详细追忆了自己和董小宛的相识：己卯初夏，他和董小宛第一次见面。己卯，也就是明崇祯十二年，这一年董小宛16岁，而顺治才两岁。

董鄂妃并非董小宛，她也并非是孝庄设计害死的。事实上，董鄂妃是因为自己的孩子夭折，悲痛不已，因伤成疾而去世的。据僧人传记

《续指月录》记载，爱妃辞世，顺治万念俱灰，决心遁入空门。顺治十七年十月，高僧茆溪森为顺治在万善殿举行了皈依佛门的净发仪式。顺治皇帝剃光了头发要出家了，这个消息激怒了孝庄，她火速叫人把茆溪森的师傅玉林琇召回京城。玉林琇到北京后，听说弟子茆溪森为顺治剃发，当即叫人架起柴堆，要烧死茆溪森。顺治得知这件事情后，无奈之下只好决定蓄发还俗，不再出家。

从种种史料和迹象推断，顺治患天花而去世，这似乎是最接近真相的答案。在顺治年间，一个叫张宸的官员在个人笔记中记载，正月初七这一天，朝廷传谕民间不许炒豆，不许点灯，不许倒垃圾。这些禁忌只有在皇帝“出痘”的情况下才会出现，因此，史学专家们更加确信顺治皇帝就是因为天花死去的。

看来，顺治患天花而死，确实有充分的根据，事情似乎已经水落石出。可是，不久波澜又起。中国社会科学院明清史研究专家王戎笙发表了一篇关于顺治遗诏的学术论文，从而引发了历史学界对顺治死因的再度关注。论文中提到，王熙在《自撰年谱》中记载，顺治是在初七清晨子刻驾崩的。而据《平圃杂记》所载，张宸是在初八上朝时，才得知顺治驾崩的消息。不仅顺治驾崩时间的记载相差了整整一天，顺治哪一天得病，史料上的记载也有一些自相矛盾的地方。《清实录》中记载，初二那天，顺治感到身体不适。《平圃杂记》中却说，初二顺治到悯忠寺看太监吴良辅剃度。而据《自撰年谱》记载，王熙初一到初三连续三天进宫请安，但是都没有说顺治生病。而且初三这天，顺治还和王熙讨论事情。

《张氏医通》中这样描述天花的症状：痘疮成浆之时精神倦怠，神思昏沉，不省人事，呼之不应，自语呢喃，如邪祟状。从天花的病症推断，顺治临死前根本不可能神志清醒，他也就根本不可能亲自口授遗诏。那么，王熙在《自撰年谱》中所记载的，顺治临死前口授遗诏，开列自己的 14 条罪状，甚至在很短的时间内解决谁来继位和辅政大臣两大难题，这些事情又究竟该如何解释呢？

史料在这么多关键之处的记载，会有如此之多异常明显的出入，会不会是顺治皇帝的死亡另有隐情呢？

20世纪末的一天，居住在厦门的郑万龄，在家中整理父亲留下的遗物。郑家是郑成功的后代，郑万龄的父亲去世后留下不少和先族相关的书籍。然而，就在整理的过程中，郑万龄发现的一本叫《延平王起义实录》的手抄本，这本书就是以日记的形式记载了郑成功的戎马生涯。2004年4月20号，《厦门晚报》的头条新闻——《顺治被郑成功毙于厦门》，吸引了无数的目光。而这个惊人的消息就是来自《延平王起义实录》的一段记载：有人密报郑成功，高崎之战中，顺治皇帝在厦门思明港被炮击没，清军将领达素不敢对外公布这个消息。民间也传说，明末清初，郑成功据岛抗清，顺治皇帝御驾亲征，来到厦门。郑成功的部队在沿岸与清军激战。就在这一次的激战中，顺治皇帝被郑成功炮轰而死。港中江鱼因食皇帝肉而形变，成了无鳔江鱼。如今这个笼罩着浓郁神话色彩的传说，在人们的口口相传中已经变得模糊不清，顺治皇帝真的死在厦门海战当中了么？

厦门文史专家洪卜仁认为，顺治很有可能亲征，而且清兵统帅达素之死，也存在着颇多疑点。《延平王起义实录》中称，顺治被炮毙后，达素畏罪自杀。在今人研究郑成功的另一部重要史料《海上见闻录》中，也有类似的记载，十月朝廷调达素回京问罪，达素在省吞金而死。如果这个记载属实，那么究竟是什么原因逼迫达素选择了这条不归路？

此外，《延平王起义实录》上还有一段关于太师郑芝龙被害内幕的文字，其中再次提到顺治帝死因：太师郑芝龙降清后，屡次写信劝儿子郑成功投降都以失败告终，但顺治并未将他治罪。顺治被炮毙于厦门后，辅臣苏克萨哈与郑芝龙有仇，向康熙建议“郑成功可以用炮击死我们的先皇，皇上难道就不能处死他的父亲吗？”康熙采纳了他的意见，即位不久后，郑芝龙就被处死。

清史专家何龄修仔细研究了厦门文史专家提供的种种史料，提出了质疑。在记录郑成功事迹的《先王实录》里边没有这种说法。而且郑成功本人在出兵收复台湾之前的讲话中，也只提到去年打败达素军队一阵，并没有说打死了顺治。不仅如此，南明大臣张煌言在给永历皇帝的所有奏报中，也从来就没有过关于顺治被郑成功炮毙的只言片语。显然当时并没有这样的说法。此外，清军与郑成功的部队激烈交战是在五月，那么顺治被炮毙的话，不能超过五月，因为五月以后没战事了。但是到了顺治十八年正月，新皇帝才即位，这也就意味着皇位虚悬半年，权力真空必将导致政治混乱，这种情况在集权统治的封建王朝根本不可能发生。

《延平王起义实录》带给专家们的依然是一片茫然和疑惑。究竟是什么夺走了一代天子年轻的生命，也许永远无法得到确切的答案。人们只能依靠着史料中的零星记载，尽可能去还原那段历史本来的面目。

**点评**

也许，这段历史已被刻意隐藏；也许，有心人已经给我们留下了线索。不论怎么样，对顺治皇帝死因的研究仍会继续下去。

# 变幻莫测的“钱坑”宝藏

无论是《基度山伯爵》还是《加勒比海盗》，影片中都有一个重要的传奇，那就是藏有奇珍异宝的巨额宝藏。而现实生活中，有没有这样的宝藏呢？

17 世纪时，海盗横行，当时，在橡树岛有一个著名海盗叫威廉·基特，他在伦敦被处决时临死前提出一个交换条件：若能免他一死，愿说出一个藏宝的地方。但他遭到拒绝，他连同他的那个宝藏一道被送进阴间。

18 世纪，三位少年登上离加拿大仅 3 英里处的橡树岛旅游。他们发现朝海一面的大片红橡树林中突然出现空旷地，地中间独立长着一棵古橡树，树枝上似乎挂着一个古船的吊滑车，正下方有一个浅坑，难道这里就是埋有海盗的宝藏的地方吗？那么，基特的宝藏是否就是埋在此地呢？

三位少年开始挖掘，发现那坑像个枯井，每隔 10 英尺就碰到一块橡木板，最终毫无结果。又一群人继续挖掘，当挖到 90 英尺深时，发现了一块刻有神秘符号的石板，经专家破译，意思是在此下面 40 英尺埋藏了 2 000 万英镑。人们欣喜若狂，他们一边抽水一边挖掘，在一天晚上用标杆探底时，在 98 英尺深处触及类似箱子的硬物，当即大伙谈起了宝藏分配。可是第二天，人们惊讶地发现，坑内积水已达 60 英尺深，于是希望成为泡影。仍不死心的掘宝者又陆续做过15次挖掘，耗资300万美元。

19世纪中期，人们又有个奇怪的发现，退潮时，“钱坑”东面500英尺处海滩上不断冒出水，犹如吸满水的海绵不断受挤压一样。同时又发现了一套精巧复杂的通向“钱坑”的引水系统，它们使“钱坑”变成一个蓄水坑。于是人们推论说：海盗将钱坑挖得很深，然后从深处倒过来挖出斜向地底的侧井，宝藏可能离“钱坑”几百英尺远而埋在斜井尽头，离地面不过30英尺深，这使海盗们可以迷惑掘宝者而自己又能轻易挖出宝藏。

19世纪末，人们又在155英尺深处挖出一件羊皮纸卷，上用鹅毛笔写着两封信，有的人还挖出了铁板，这些发现更使人相信海盗们埋了一笔巨大财富。

在“钱坑”挖掘时，曾有一个传说：必须死掉7个人才能揭开其秘密。到目前，已有6人在企图到达坑底途中丧生。依照传说，真正秘密的揭开已为期不远。

一个由加拿大和美国人组成的联合公司推测可能有几十亿美元埋在地下，于是对“钱坑”进行前所未有的大规模挖掘。他们在岛中心投资1 000万美元钻了一口巨井，高达20层楼，并在其他地方钻了200个洞，有的达165英尺深，已接近岩层。钻头从地下带出了金属制品、瓷器、水泥等物。这家公司计划再挖一口直径为80英尺、深200英尺的大井，并预备了足够的抽水泵，看样子，他们准备将橡树岛翻个底朝天。

**点评**

随着挖掘的深入，“钱坑”之谜也即将揭晓。但是，在谜底没有揭晓以前，我们要有足够的心理准备，这个“钱坑”有可能储藏着数不清的财富，也有可能就是个普通的水坑。不同的结局可能会给许多人带来或悲或喜的不同感受。无论什么结果出现，我们都希望当事人能以一颗平常的心面对这一切。

## 蒙古皇帝蒙哥死因探析

我们都知道蒙古铁骑的威力，它曾经横扫欧亚大陆，让对手闻风丧胆。这支所向披靡的军队却在钓鱼城受到重创，蒙古大汗蒙哥也在此丧生。

根据史实记载，蒙古大汗蒙哥亲率御营亲兵10万，分三路进攻四川，兵临钓鱼城下。狂妄的蒙哥宣称："不出一月，我将踏平钓鱼城。"可是，蒙哥亲自指挥蒙古军数次进攻，不但损兵折将，徒劳未果，总帅先锋汪德臣也毙命于钓鱼城下。不久，蒙哥这位横扫欧亚无敌手、使欧洲人闻之丧胆的"上帝之鞭"也折于城下。钓鱼城也因之而被各国史学家称为"东方的麦加城""上帝折鞭处"。

尽管蒙哥死于钓鱼城下是事实，但是由于史料对蒙哥死因记载不明，因而，蒙哥的死因还是引起了诸多猜测。

一是溺水死亡。《海屯纪年》中说蒙哥是在进攻宋军时，乘坐的战船被宋军潜水者凿穿船底，落水而死。

二是生病医治无效而死。波斯政治家和文学家剌施特哀丁编著的《史集》中说，蒙哥好饮酒，时天气炎热，蒙哥军中流行痢疾，蒙哥亦染疾而死。清人毕沅在《续资治通鉴》也持这种说法。

三是炮石所伤致死。邱树森著的《元朝史话》和刘泽华、冯尔康编著的《中国古代史》都是采纳此种观点，认为蒙哥在攻城时，被宋军所发炮石击中，因伤势过重而死。

四是因进攻连连受挫，最后忧虑而死。南宋人黄震编著的《古今纪要逸编》认为蒙哥因为屡攻合州钓鱼城不克，且多次被合州知州王坚挫败于钓鱼城下，败辱之至，以致愤死军中。

五是为炮风所震伤而死。清代《古今图书集成》中的《钓鱼城记》一文中说蒙哥是在架设望楼窥视钓鱼城时，遭到城内宋军的炮石轰击，蒙哥为“炮风所震，因成疾。班师至愁军山，病甚……次过金剑山温汤峡而殁”。明朝四川巡按谢士元在《游钓鱼山诗序》里也说蒙哥是遭“炮风致疾”而死。民国时张森楷先生主持编修的《合川县志》也有相同记载，并说蒙哥中炮风的地方就是今钓鱼城嘉陵江对岸的东山（现称炮台山）。

六是被宋军射死的。南宋著名诗人刘克庄在《蜀捷》诗里说：“吠南初谓予堪侮，折北俄闻彼不支，挞览果歼强弩下。”叙利亚阿部耳法剌底编著的《世界史节本》，翦伯赞主编的《中国史纲要》，张传玺、李培浩编著的《中国通史讲授纲要》对蒙哥之死都持飞矢射死的观点。现存于四川省合川县钓鱼城旧址钓鱼山忠义祠内所立的《新建二公祠堂记》石碑碑文也说蒙哥是“中飞矢而死”。

**点评**

看来，关于蒙哥因何而死，还没有定论。考古学家也只能继续考证，希望有一天可以揭开谜团，还原历史真相。

## 2005年三大考古谜团

在“2005年全国十大考古新发现”评选会上，参选单位、评审专家围绕入围的25项考古新发现，提出三大谜团。

一、西汉农民“丰衣足食”为何起义？

河南内黄三杨庄汉代聚落遗址是因为黄河的某一次大规模洪水泛滥而被淤沙淹没深埋，洪水过后这里又成了后来河道的一部分，因而得以原貌保存整个聚落遗址内的各类遗迹。

这使考古专家倍感好奇。遗址中可以看出每户农家距离很远，中间是他们自己的农田，俨然是“包产到户”的做法。他们过的是自给自足的生活。这种情况是地区性的还是全国性的？如果是全国农户都过着这样殷实的生活，那西汉末年的农民起义又是如何发生的？是如历史课本所称的残酷统治，还是出现了某种天灾？

二、梁带村遗址属“梁国”还是“芮国”？

陕西韩城梁带村两周遗址出土的青铜方壶上铸有两条铭文：“内（芮）太子作铸鬲子子孙孙永宝用享”“内（芮）公作铸鬲子子孙孙永宝用享”。

考古队员介绍说，从考古挖掘来看，该遗址有可能是梁国贵族墓地。但出现“内（芮）太子”“内（芮）公”铭文的遗存则又有可能属于芮国遗存。按《左传》《史记》记载，今天陕西韩城为春秋时期梁国所在地，而如今距韩城约100多千米的陕西省大荔县一带才是芮国国土。

“如果梁带村遗址确认为芮国的，那就把史书上记载的梁国的位置给挤没了。”陕西省考古研究所的一位工作人员说。当然，还有一种可能性，便是《史记》等史籍对这段历史的记载有误。

三、大明宫丹凤门为何没有“车辙”?

西安唐长安城大明宫丹凤门遗址考古搞清了丹凤门的布局形制，发现了唐玄宗时期修缮丹凤门楼的珍贵遗存，还根据出土的被烧炸裂的石构件残片和木炭碎块，推测出丹凤门最后毁弃于一场大火之中。

有专家问：“那有没有发现铺路石和车辙?”

考古所的工作人员回答：“没有。”这个回答马上引来各种猜测。有听众说：“不是有唐太宗《步辇图》吗?这个门是皇帝才能走的，而且不坐车走。”

中国社会科学院考古研究所所长刘庆柱认为：“丹凤门就相当于咱现在的天安门，象征意义更大。车辆、人流可能是走旁边的门。”还有另外一种可能性：门下铺的砖石后来被揭掉，运往新都修建新的宫门去了。

**点评**

一处遗址就是一段历史，这些远古的遗址留给我们太多的疑问，也许只有寄希望于史料的深入研究才能找到我们想知道的答案。

# 明代承恩寺遗址古井之谜

三山街某工地发现了明代承恩寺大殿遗址后，南京市考古工作者在三山街某工地对刚刚发现的500年前的明代承恩寺古井进行了抢救性考古发掘。

根据古代寺庙的传统布局推测，考古专家在遗址以西50米处进行地下勘探，果然发现了一口直径达2米的巨大古井。考古人员像剥笋一样，将3米深的古井从泥中“剥”了出来。

古井由数十层井砖砌得浑圆，外表严丝合缝。这些井砖都是特制的楔形砖，除了一头大一头小外，长度、厚度都和明城砖一模一样。在明代这种砖的级别相当高，只有像承恩寺这样明代宗敕建的皇家寺院才能用这样的砖头造井。

在明代，这口井是承恩寺的主要水源。随着挖掘的深入，清末到20世纪70年代近百年的遗物自下而上一层层地展示在人们面前。这口古井仿佛是一位历经沧桑的老者，把百年来的南京市井生活向今人娓娓道来。几百年前的景象仿佛就在眼前：一个居民打水时不慎将吊桶落在井里，他试图打捞，结果铜钩也落入水中；一个人打水时把自己随身携带的一瓶药丸落在井中，这瓶药是20世纪20年代南京最红的药店——张泰和堂——出品的；一个孩子遗失了自己的童子军证章；一个卖酒的人把纳酒税后的凭证铜牌掉在了井中……但这口井并没完全记录500年历史。在井底发现一个乾隆款的青花大碗后，古井的“讲述”戛然而止。

据史书记载，承恩寺毁于清代的一场大火，当时这口井也废弃了。过了一段时间，老百姓在这里建房生活，古井被重新疏浚，此前的历史就在清代的这次淘井中被彻底“淘”净了。这口古井是什么时候被彻底废弃的呢？

为了揭开古井的秘密，考古人员先拆去半边井砖，整个井里塞满了淤泥。一层层铲去这些淤泥，考古人员发现，最上面的淤泥层很杂乱，里面充斥着大量煤渣、树枝、坏煤油炉，以及写着许多文化大革命时的口号的破瓷碗。这证明是在20世纪70年代末，人们故意将大量废弃物抛入井中，将其湮塞。后来，考古人员意外地发现了7枚寿山石印章，印文中尚且残留朱红点点。印文显示这都是同一位画家的印章，这个画家到底是谁？他的印章怎么会一股脑儿掉到井中？这背后还有怎样的曲折故事？没有人知道答案。

**点评**

古井是什么时候被废弃的？古井中7枚印章的主人又是何许人也？看来，古井背后的历史还有待考古学家们做进一步的研究。

# 大西洲真的存在吗

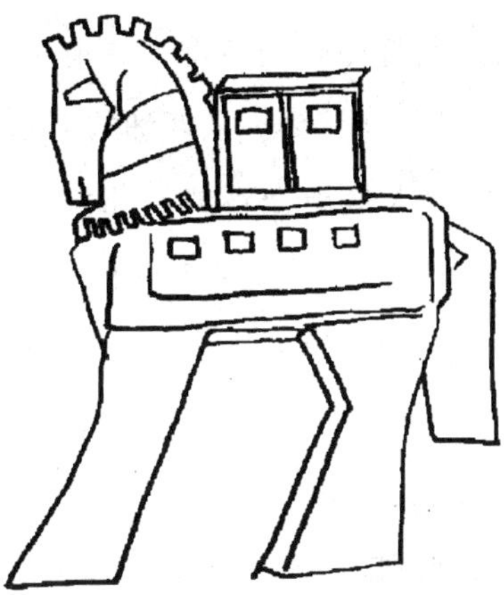

大西洲最初出现在柏拉图的作品中，有人认为这是柏拉图杜撰出来的国度，根本就不存在。

有关大西洲传说的记载最早见于古希腊哲学家柏拉图的著作《对话录》。雅典著名诗人、政治家兼立法者素隆告诉柯里西亚斯的祖父一个传说："有一次我到埃及去旅行，在迈以斯遇到一个祭司。祭司告诉我，根据埃及史书记载，大约公元前 9600 年，雅典军队与一支来自大西洋深处的军队展开大战，这支军队准备进攻整个欧洲，进而侵略亚洲。入侵者来自一个名叫大西洲的海岛，那帝国不仅包括附近大西洋岛屿，还包括大陆上不少地方。到了后来，大西洲发生了强烈的地震和严重的水灾，一夜之间，所有人都遭活埋，陆地沉入海洋之中。陆地下沉后，在海上留下一片淤泥形成的沙洲，因此那部分海域不能通航。"

在《柯里西亚斯》中，柯里西亚斯再次谈到大西洲："大西洲沿岸多山，中央则为一片开阔肥沃的大平原，岛上矿产丰富，茂密的森林出产大量木材，岛上还有许多野兽和家畜。国王利用岛上丰富的资源，建造神殿、王宫、港口、船厂等。”

在柏拉图的笔下，大西洲是少见的人间天堂。但是大西洲是否真的存在，还是神话传说中才存在的地方呢？

15 世纪时，欧洲人掀起探险的浪潮，传说中失落的大西洲成为探险者热衷的对象。其后 400 年，研究大西洲的人越来越多，各派学者有的认为它在大西洋，也有人提出在瑞典、北海、地中海，甚至撒哈拉等地。

康那利被誉为美国国会中的饱学之士，他不遗余力地、一丝不苟地研读柏拉图的著作，并从考古学、历史学、神话学、人种学、动物学、植物学等各知识领域中收集着看似没有关联的零碎资料，并以传播论为指导，建立了一个精辟独到的推论。他推想大西洲的帝国中心位于直布罗陀海峡以西一个四面环水的大洲，连绵不断的小岛和小脊犹如桥梁，把大西洲和美洲大陆连接起来。帝国的殖民地向西伸展到秘鲁和密西西比河谷，东至地中海，包括埃及，北至爱尔兰。康那利说，大西洲必定是位于大西洋中央，成为沟通两岸桥梁。

专家们对于康那利的推论表示怀疑。康那利把大西洲的毁灭归因于同时发生的火山爆发、地震和洪水泛滥，但是现代物理学家指出，这一类灾变不可能在 48 小时内把一片大陆毁于无形。

按照地质学说，南、北美洲与欧洲、亚洲、非洲本来是连在一起的，在过去的 1.8 亿～2 亿年间，由于天体引力潮，以及在从地壳一条巨大裂缝中涌出的熔融物质推动下，大板块分裂开来。熔岩从炽热的地心，穿过分隔东、西半球的海底裂缝向上涌出，冷却之后变成岩石，在两边堆积。不断被新涌上的熔融物质推挤，于是岩石逐渐向东、西伸展，形成海底平原。在冷却熔岩不断增长所产生的推力与天体引潮力的分扯之下，最初相连的大陆分裂成两块，距离越来越远。如果依据此种理论，那么大西洋根本就没有沉没的陆地。

那么，柏拉图叙述的大西洲存在过吗？它究竟在什么地方呢？它会不会也和特洛伊木马一样，是远古失落的文明？

**点评**

大西洲是否是失落的文明？许多人士依然在为此探索。可以深信的是，在科学技术高度发展的今天，对于这个谜底的揭晓，也许将为期不远。

# 谁是人类的真正祖先

生命的起源问题是考古学家一直在探索的问题。关于人类的起源问题，最有说服力的当属达尔文的“进化论”。他认为，早期古人类存在两个种群：“能人”和“直立人”。“能人”生活在距今 300 万～150 万年前，应该是第一种能够熟练制作石器的古人类。“直立人”生活在距今约 180 万～20 万年前，是比“能人”更进步的古人类。达尔文认为人类是由前者进化成后者直至发展成现代人。但是，考古学家的最新发现将可能重写人类进化的历史。考古人员在肯尼亚图尔卡纳湖附近发现了一块“能人”的下颚骨化石，研究显示，这块化石源于 144 万年前。这个时间比已知的“能人”存在的时间晚了至少 20 万年，已经进入“直立人”生活的时期。可是根据现代人类进化史，“能人”与“直立人”是不可能并存的。

考古人员推测，应当是距离现在较近的“直立人”进化成了早期智人，并一步步演化为现代人，而“能人”可能在进化过程中消亡了。如果这个结论是真的，那么“能人”和“直立人”应当存在一个共同的祖先，这个祖先又是谁呢？对此，科学家们的研究还是一片空白。

美国犹他大学的弗兰克·布朗说：“最重要的结论是，在东非早期的那段历史上，曾经不止一个人类族群存在过。几个‘能人’族群平行存在在历史上是十分正常的，大约28 000年前灭亡的穴居人就是其中一例。”“穿越时空，你会发现存在不止一个人种。”布朗说，“但在今天，只有一种智人族群生存在这个世界上，那就是我们现代人类。”

在肯尼亚科比福拉领导考古研究项目的米弗·利基说：“并存的关系，使‘直立人’是从‘能人’进化而来的理论变得不可能。事实上，他们长期以来作为独立族群分别存在，这暗示了他们有各自的生态区域，从而避免了直接竞争。”

也有人指出，“能人”和“直立人”并非进化关系，他们曾相互并存长达50万年，而只有其中一个才是人类的祖先。

**点评**

如果人类祖先的历史就此改写，那进化论又如何自圆其说？看来，关于人类起源的历史仍有待于进一步的论证。

# 金字塔城消亡之谜

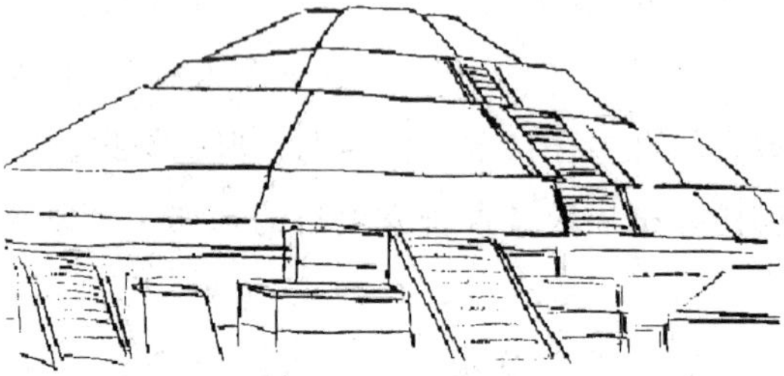

墨西哥境内的特奥蒂瓦坎位于古代中美洲的北部，公元前后至 7 世纪，它曾是西半球最大的城市。因为城中有著名的太阳金字塔、月亮金字塔等，它又被后人称为“金字塔城”。如今，金字塔城已经消亡，只有高大的金字塔矗立在整个废墟上。

公元第一个千禧年开始之初，特奥蒂瓦坎还只是灰尘弥漫的小村，仙人掌比人还多，后来几乎是在一夜之间，人口突然扩充到数万。到公元 4 世纪时，特奥蒂瓦坎进入了全盛时期。它在当时堪称世界之最，其权力遍及古代中美洲。

5 个多世纪以来，特奥蒂瓦坎繁荣兴盛，可是它却在 6 世纪左右瓦解，城市的神圣中心遭到弃置。人们不禁要问，坐拥整片大陆财富的城市，怎会颓败得如此彻底。考古学家在古坟里找到的牙齿显示这主人的身体状况不佳。进而得知在此城的历史末期，居民的健康情况极度恶化。这是什么原因呢？会不会是特奥蒂瓦坎消亡的原因？

有人说，由于金字塔受到了人们的欢迎，太多人来此定居寻求保护，这使得城里街道拥挤，疾病无处不在，下水道臭气熏天，食物、饮水不足，因此导致居民平均寿命变短。

有人说，金字塔城毁灭也可能是因为食物短缺和水源污染。这么大的城市，一定会产生很多垃圾，城里环境恐怕不太卫生。也有很多科学家相信，在从内瓦解的同时，此城还遭遇外侮并遭到摧毁，但考古学家至今未找到这方面的证据。

有人说，近 15 个世纪后，金字塔与神庙墙壁上依然有清晰可见的纵火迹象，高温的火把石头都烧黑了，因此神庙无疑是被大火吞噬。可是，2 000 座公寓区（市民居住区）并没有太多火灾损害的证据。

还有一个更奇特的理论。科学家在神庙废墟找到成堆的烧焦木柴，显示当地曾有大型营火，这些迹象表明，真正的罪犯有可能就是服侍众神看守金字塔的祭司。他们放火烧金字塔顶的神庙，把众神的雕像砸碎。久而久之，居民慢慢离开这里，这个文化统治美洲近 1 000 年的城市，最后消失无踪。

特奥蒂瓦坎消亡的原因很多很多，考古学家始终在努力还原事情的真相。但是，由于特奥蒂瓦坎城留下的线索很少，目前看来，解密尚需时日。

**点评**

> 一个权倾古代中美洲的城市，几乎在一夜间消失无踪，种种原因，令人费解。

# 揭开夜郎古国四大谜团

汉朝的时候，在西南方有个名叫夜郎的国家，它虽然是一个独立的国家，可是国土很小，百姓也少，物产更是少得可怜。但是由于邻近地区以夜郎这个国家为最大，从没离开过国家的夜郎国国王就以为自己统治的国家是全天下最大的国家。后来汉朝的使者到了夜郎国，骄傲无知的国王因为不知道自己统治的国家只和汉朝的一个县差不多大，竟然不知天高地厚也问使者："汉朝和我的国家哪个大?"因此申引出"夜郎自大"的成语。

夜郎文化与周边几乎同期发端的楚文化、巴蜀文化同样具有独特的文化史价值和人文价值。夜郎古国灭亡后，关于夜郎文化的传承者有多种说法，有彝族说、苗族说、布依族说，还有仡佬族说。可以说，古夜郎人的住房、发型、服饰、婚俗、葬式、饮食、节日、风俗等，在东溪的一些民俗风情中均不乏其踪迹。有专家曾提议利用最新科技 DNA 的遗传工程鉴定，去寻找夜郎文化遗传编码。

对今人来说，"夜郎自大"的成语虽耳熟能详，但对于古夜郎文明仍存在谜团，至今找不到答案。中水遗址的发现意味着中国的考古学家已经叩响了夜郎国的大门。

谜团之一：夜郎文化

贵州中水遗址被认为是夜郎文化的主要源头。21世纪初，贵州省考古所联合四川大学考古系等单位组成庞大队伍对中水古文化遗址进行第一期大规模考古发掘，历时100多天，对贵州省威宁彝族、回族、苗族自治县中水的数种不同时期文化类型遗存进行发掘。在那次发掘中，共发现了100多个商周时期的祭祀坑，是在我国云贵高原首次发现商周时期山顶祭祀遗址。考古人员在少数祭祀坑内发现了人骨遗骸，还出土了一组完整的、可复原并具有鲜明地域特征的陶器，以及大量的石器、骨器、玉石器和青铜器等文化遗物。专家认为，这次发掘，也使得贵州被认为是夜郎文化的主要源头。

谜团之二：夜郎民俗

夜郎时期的民族曾非常爱美，考古学家曾对距离威宁中水约100千米、处于同一纬度的赫章县可乐战国秦汉时期墓葬进行过发掘，可乐墓地是贵州实施夜郎考古计划以来第一次发掘的夜郎时期民族古墓，专家认为它的发现“对揭示夜郎民族的社会结构、生活习俗、宗教信仰、文化交流等方面，都提供了极有价值的实物资料”。

那次共发掘墓葬111座，考古队员在清理过程中发现，墓葬的埋葬方式非常独特，有用铜斧套头、套脚、罩面等不同方式。同时，还出土陶、铜、铁、玉、骨等不同质地随葬品500余件，以青铜器为最多、最有特色，青铜器中又主要是兵器和装饰器。其中被发现的装饰器不仅种类多，数量也较多，均出土于生前佩带部位，铜手镯、铜铃铛等都是成组出现，有的铜带钩还嵌有金银花纹，形体大，装饰功能强。从这些出土物可以看出，夜郎民族是一个非常爱美的民族。

不仅葬俗特殊，考古工作者们还发现所有墓坑并不规则，根据墓坑的形制，可分三种。墓葬之间有较复杂的打破关系，表明墓地埋葬死者的时间较长。从墓葬埋葬方式和出土器物看，它受到中原文化、巴蜀文化和滇文化的强烈影响，但反映出的文化面貌独特，如“套头葬”还未见于其他地区。

谜团之三：夜郎通路

贵州省考古工作者在对当地的一个水电站淹没区进行文物考古调查时，发现了位于北盘江两岸的贞丰小河口、镇宁田脚脚遗址。这次考古发掘和随后调查发现的十余处史前至汉代遗址表明，在汉代，从川东经赤水河南下经乌江进入黔中腹地的清镇、平坝和安顺一带后，再渡过北盘江到达黔西南的兴仁、兴义一带或更远，这是当时的一条重要通道，汉代遗存中表现出的文化共同性特别明显。

谜团之四：夜郎生活

渔猎是当时主要的生产生活方式。考古学家在北盘江江岸发现的大量遗址，将贵州南北地区的汉文化遗存紧紧联系起来。在小河口等遗址出土物中，数量最多的是作为战争需要的武器和攫取生活来源的渔猎工具网坠等。因为遗址位于江边，所以可以推断，渔猎在当时的生活中占有极其重要的地位。

**点评**

尽管考古学家已经叩响了夜郎古国的大门，但是，离揭开古夜郎之谜还有很大距离。

## 千年古寺为何悬空不倒

山西大同浑源县的悬空寺，建造在60多米高的悬崖上，而且它整个建筑都悬在半空中。悬空寺经过1 500年的风雨，始终屹立不倒，令人称奇。

恒山地区流传着这样的民谣：悬空寺，半天高，三根马尾空中吊。

悬空寺有大小殿堂41间，所有楼阁的底层似乎从悬崖的立面中凸了出来，看上去，楼阁就好像挂在悬崖上一样。民谣中说的“马尾”就是指这些上接楼阁栈道、下至岩石的红色立木。这些立木总共有30根，被分成三组，每根长度大约十几米，分别被设置在两个楼阁和栈道下面。给人的第一感觉，悬空寺似乎就是靠这三组立木支撑在悬崖上。在悬空寺管理处工作了10多年的常学文偶然发现，悬空寺下面的立木竟然可以晃动，而且这些能够晃动的立木十分细小，直径不超过10厘米，但上方的楼阁重达数十吨，这样纤细的立木，难道真的可以撑起悬空寺吗？而悬空寺的历史资料中并没有关于立木的记载。

考古学家们进一步研究发现，在所有悬空寺的楼阁和栈道下都埋有横梁，这些横梁露在外面的部分大约有1米左右，它的上面正好是用木板铺成的走廊。不仅走廊，整个楼阁的底座也直接压在这些横梁上。专家统计，悬空寺共有这样的横梁27根，这些横梁很可能才是挑起整座楼阁的关键。

20 世纪 80 年代，考古学家在峡谷南部陡峭的石壁上无意中发现有两排方形石孔。这些石孔沿着山崖在河道上方一字排开，像是要把人引出山谷。专家从这些石孔的排列方式推断，这是木材的插孔，这很可能是一条古栈道的遗迹。为了能通过绝壁运输物资，古人在悬崖上开凿石孔，然后将横梁插入其中，再用木板铺平，就建成了一条在山崖上通行的栈道。悬空寺的横梁也是插入了类似这样的石孔，起到支撑作用。

从悬空寺现存的横梁来看，横梁的直径和这些石孔十分吻合。据测量，这些石孔的深度都在 1 米左右，因此有人推算，石孔的深度再加上横梁露出来的 1 米，悬空寺横梁的长度可能只有 2 米。但专家认为，悬空寺下方的横梁长度肯定不止 2 米，目前横梁露在外面的 1 米只是它本身的一小部分，大部分的横梁隐藏在山崖里。如果这些横梁只有 2 米，那么整个楼阁早就已经跌下深渊。

专家们在对横梁进一步调查时发现，悬空寺最高的建筑三官殿下，共架有 22 根立木。栈道下方的立木可以晃动，但在楼阁下方的立木却完全不同，这些立木正好顶住横梁，几乎无法移动。正是这些立木和横梁共同构成了一个有力的支撑体系，保证了楼阁的悬空和行人在走廊上的安全通行。中国古代的工匠很早就已掌握了横梁加立木的支撑技术，并大量应用。但要在恒山的一个悬崖绝壁之上建筑寺庙，几乎超越了任何人的想象。因此悬空寺被视为一个奇迹。

悬空寺上现存最早的三尊石佛大约是公元 500 年的北魏时期雕刻的，因此悬空寺至少已经有 1 500 年的历史。那么，1 500 年前的工匠既没有炸药，又没有今天复杂的施工机械，他们是如何在石壁上开凿石孔的呢？

专家们推断，当年的工匠仅凭一些简单的铁制工具，就足以开凿出用于放置横梁的 27 个石孔。如今，当年古栈道的横梁已不复存在，但这些石孔打凿的痕迹却还清晰可见。

研究显示，悬空寺的木头是当地产的铁杉木，而且用桐油泡过，没有虫蚁的腐蚀，这样使它能够 1 000 多年以来仍然坚实地插在岩石上。

**点评**

悬空寺历经千年风雨，仍屹立在悬崖峭壁上，这既是一个奇迹，又是古人智慧的结晶。

## 被蒸发的古格王国

中国西南边界尽头处，距中印边界200多千米的地方，有一个名叫扎达的县城。在象泉河的环绕下，扎达如同一个原始村落。但是，从不起眼的扎达望去，你会看到一个神秘消失的王国遗留下来的庞大遗址群。这个王国过去的名字叫古格，历时700多年的古格于300多年前突然消失，像被蒸发了一样。

一个距离我们不过300多年的王国突然消失后为什么连只字片纸都找不到，只剩下了传说？如果古格确实毁于战火，为什么只在一个山洞里发现了数十具遗体，其他地方连一具白骨都没有？

古格王国的都城扎不让，在扎达县城西北约25千米的一座200米高的山上。城堡从地面一直铺排到山顶，包括300多间废弃的古屋，800多孔窑洞，3排10多米高的佛塔，还有碉堡、工事、暗道等，场面极为宏大。

考古学家在那些废弃的寺庙里发现了精美绝伦的壁画，其中最为生动的是双修图。双修图画的是双修佛，围绕佛的是一组组正在舞蹈的裸体女神。她们头戴冠饰，头后面有一轮圆形的光环，象征神圣。耳垂上、脖颈上、手腕上、肘弯处、肚脐下和脚踝处都有金光闪闪雕琢精致的链形环佩。她们每人都有4条手臂，显出千变万化的典雅华丽，身体的曲线非常优美，脸上是心静如水的神情，下巴上和脖子上有柔美的肉褶儿。

和敦煌的壁画一样，古格的壁画大多是佛经故事，但最大的区别在于这里遍布裸体人像，而敦煌壁画则几乎没有裸体人像。许多研究者认为，这可能是直接来自古印度的画师和他们的门徒所作。古希腊艺术崇尚人体，印度宗教艺术中表现的裸体就其肥硕和肉感而言，都有古希腊的影子。

古格遗址东边的山坡上有几座土质佛塔，从佛塔塌陷处伸进手去，便能摸出一种小泥佛。据说这些小泥佛是为了超度亡灵，用骨灰、泥土放在模子里捏成的。这些小泥佛多种多样，各不相同。

在距离古格都城东边约1 000米处，一截直立的石壁上，有一个洞，离地2米，下面有攀登的脚窝，这是古格有名的万人洞。据说，当年拉达克人剿灭古格时，杀人无数，这个洞就是扔尸首用的。其实，万人洞只有一个主洞套一个小洞，外加一个耳洞，总共不过6平方米左右，里面的几具干尸残缺不全，身份不明。

关于古格悲壮的灭亡，有三种传说。

一、古格宗教与王室矛盾尖锐，互相残杀，无暇治理国家，导致拉达克人的入侵。

二、17世纪20年代，葡萄牙耶稣会士安守德乔装打扮，由印度千辛万苦来到古格王都传教。当时，古格三国受拉达克等王国的武力进犯，内部宗教斗争激烈。安守德在重金赠送国王的同时，大肆传教。国王扎西查巴德为了与其弟、其叔父为首的寺院派系对抗，皈依基督教，让十字架在阿里挤出了一片空间。安守德乘势与佛教徒进行辩论，攻击佛教教义和僧人的行为举止，导致古格国王对佛教徒的迫害。佛教徒在

无奈之中，引来拉达克王国进兵古格，导致古格灭亡。

三、古格王过分尊崇佛祖，僧侣地位极高，境内寺庙遍地，不放牧、不劳动的僧侣高达万余人，导致对土地、水源、食物、燃料的掠夺性开发，最终地力、物力耗尽，亡国灭种。

看来，最有可能的说法是，对佛的虔诚使古格维持生存的环境无法恢复，使藏区的人口急剧减少，使一个伟大的民族丧失了生机。

**点评**

一个人，一个民族，一个国家，如果只追求精神上的东西，也许会有精神上、文化上暂时的繁荣，但是没有物质的支撑，这种繁荣是脆弱的。